從兵馬俑到毛澤東與共產中國

政治與時事評論
十年集大成之作

宋亞伯——著

彭明敏序：每一台灣人必讀的啓蒙好書

宋先生是所謂「外省第二代」，但是對時事的評論，都關懷台灣人民的福祉，以及自由、民主和人權；對於執政者大膽、合理、合適而且強烈的評論，有緣成爲好友。其後他赴華府美國之音工作，我流亡美國，在華府見面數次，詳細告訴我其廣播新聞的工作情況。

他爲人正直誠實，有堅實的正義感，關切台灣的政情，我轉居美國各地，少有機會聯絡。終於得以結束流亡生活，回台定居，仍常在媒體上讀到他的政論。恭喜他將過去幾年的論述和演講集爲一冊出版。

離別數十年，距離幾千里，仍念念不忘台灣，關心台灣的熱情永不冷卻，作爲台灣人，衷心感謝。

他描述中國暴政之可怕，提醒台灣人最大的威脅在哪裡，要「認清問題所在」，眞是每一台灣人必讀的啓蒙好書，希望中國人也能熟讀之。

感謝宋先生用功深研中國歷史，暴露其精髓，對於中國史學也是寶貴貢獻。

彭明敏

二〇一九年九月

王景弘序——以歷史縱深看中國問題

在台灣成長，受國民黨教育的人，對歷史的認識，多半只限於國民黨的教科書，對中國的認識也只限於國共兩黨洗腦式教材，這類教科書以美化中國國族爲能事，欠缺宏觀、反省、批判的精神。就如大獨裁者毛澤東讀了不少古書，對中國「歷史」的點評也只是個人英雄主義，「惜秦皇漢武，略輸文采；唐宗宋祖，稍遜風騷。一代天驕，成吉思漢，只知彎弓射大雕。」

但自命「今朝風流人物」的毛澤東，不但有秦皇殘暴遺毒，師法歷代君王鎭壓統治，更引進馬列主義的階級仇恨與鬥爭，腥風血雨，造成數千萬無辜人民喪命。儘管中共自命改革，認爲毛澤東一生有功有過，但他仍被供奉如神，支配中國政治領導者的思維，和人民的言行。

台灣面對中國威脅，最重要課題在正確認識中國問題的本質，上下古今對比，才不會被誤導受騙。近幾年已經有多位美國專家及研究工作者出書，揭發中國欺敵詐術，「扮豬吃老虎」，對外擴張，對內壓制的戲碼。但以中文寫作，基於對中國歷史傳統的認識，論述中國問題癥結的開路者之一，也卓然有成者，應數旅居華府的宋亞伯兄。

亞伯兄能作更深入的論述，因爲他有特別優越的條件：他是歷史系的專才，曾任媒體工作，到美國修讀歷史，獲傳播學位，供職美國之音，有機會站在第一線、掌握第一手資料觀察中國。他是虔誠基督教徒，大半生經歷在民主社會，執著自由、人權的基本價值，在使用漢語的中國與台灣，他選擇熱愛民主的台灣。

在近三十年前，我在華府一次座談會，與亞伯兄及中國反勞改運動者吳弘達同席而結緣，近些年常拜讀他就惡質中國傳統文化，對當前中國問題一針見血的批判，言人所未言，值得台灣人民閱讀與思考。現在亞伯兄把這幾年的大作結集成書，出版《從兵馬俑到毛澤東與共產中國》，我很高興能代言幾句，向國人推薦。

王景弘（資深媒體工作者，著名時事評論家）

二〇一九年九月

劉志聰序——替世人解惑 爲時代見證

宋亞伯兄是一位資深媒體工作者，歷史文化評論家，長期探索中國文化之病，並嘗試尋求解方。他認爲，中國文化病根一日不除，必將危害人民，遺禍世人。看看今天中國如何迫害境內維權律師、民主人士，如何霸凌周邊國家、少數民族，如何殘害香港法治人權、打壓台灣生存空間？即連幫助中國發展經濟、推動改革開放的西方國家，北京也毫不留情，不知感恩，還恩將仇報。在在印證，亞伯兄的擔心確具先見之明，絕非杞人憂天。

亞伯兄指出，中國文化的病根肇始於秦始皇的暴虐統治，其後歷經朝代更迭，始終未能跳脫惡性循環，而且於今爲烈。歷代掌權者對內實行高壓統治，對外侵略鄰邦、燒殺擄掠，此種惡劣本質，在共產黨統治的今天，更是變本加厲！影響所及，是非正義蕩然無存，華夏大地淪爲兇狠狡詐、追逐權謀、弱肉強食的野蠻世界。

中國文化的惡質傾向，經亞伯兄進一步探究，認爲病因出在中國古文明欠缺自然科學、邏輯理性以及宗教信仰等元素，又不幸掉進勾心鬥角、爾虞我詐、酷嗜權力、熱衷迷信、愛好虛玄的死胡同。在毛共中國的洗腦宣傳教育下，多數中國人喪失自我反省能力，蠻橫不講理，顚倒黑白，不知感恩，怨怪別人，出現種種不可理喻的錯亂行爲。

亞伯兄尤其擔心，中國人口眾多，又大量外移，有朝一日，甚至連近代西方的優質文明，也會被充滿毒素的中國文明給污染、破壞，那該是全人類的不幸！因此，早在二十多年前他在另一本著作：《亂——惡性循環的中國文化》中，就對世人提出嚴肅的警告。

數十年來，美國等西方國家認爲，只要中國堅持改革開放、融入世界經濟體系，最終會遵守國際規範，接受西方價値觀。但現實的狀況卻是，北京只要享受穩定的國際秩序所帶來的好處，再利用這個好處產生的經濟實益，來改變國際遊戲規則。中國對台灣的欺凌，對周邊地區的霸權擴張，突顯中國自設規則、不惜違反國際規範以獲取自身利益的「中國特色」，終於引來西方國家的報復。

亞伯兄強調，面對野蠻中國崛起，任何文明國家，任何文明個人，都不能對毛共中國掉以輕心，都有義務要對秦始皇式的中國有清醒的認識，更要有伸張正義的勇氣、良心和準備。看看歐美國家的強硬表態，對照亞伯兄二十多年來的苦心孤詣及沉痛呼籲，正展現「路漫漫其修遠兮，吾將上下而求索」的知識份子憂國情懷。

多年來亞伯兄幫《民報》撰寫許多精彩專欄，觀察獨到，發人深省。其行文流暢，用詞典雅精確，層次分明，以理服人。同爲媒體工作者，面對世局空前巨變，兩岸詭譎莫測，很高興亞伯兄新書《從兵馬俑到毛澤東與共產中國》適時出版，替世人解惑，爲時代見證。

劉志聰（《民報》總編輯，前中央社社長）

二〇一九年九月

陳文彥序——幫助了解今日的共產中國

亞伯兄新書《從兵馬俑到毛澤東與共產中國》收集了他數年來有關時事、中國文化和歷史的評論與演說，涵蓋的題目雖然廣泛，但主要圍繞在討論批判歷史中國及今日共產中國的問題。

共產中國近幾十年來的崛起引起全世界，尤其是美國的關注和擔憂，不知共產中國的崛起是否會把世界帶向衝突的局面。

在政治上，它不僅加速一黨專制，利用現代科技強化對其十四億人民的控制；甚至對周邊少數民族：「圖博人」、「維吾爾人」以集中營，高科技手段對其宗教／文化做全面性迫害，其殘酷已近二次大戰希特勒迫害猶太人及其他少數民族的程度！最近更進一步用「統一戰線」和資訊戰等方式，試圖破壞其他各國的民主，自由與法治。

在經濟上，以國家資本、廉價勞工、犧牲環境等方式，把中國轉換成世界工廠，成爲世界第二大經濟體。隨著經濟發展，大量經費的投注，意圖衝出第一島鏈的軍事作爲，已構成對台灣及周邊國家和美國的嚴重威脅，影響亞太印地區的自由航行。

面對中國的惡行崛起，西方國家尤其是美國的態度也隨著產生巨大變化：從早期的「建設性交往」，希望中國藉由經濟發展逐漸進化成一個開放的民主國家，但事實證明這是一廂情願的想法。經濟的發展並沒有改變中共一黨專制的本質，反而強化了它「富國強兵」的「中國夢」。西方國家尤其美國開始了解共產中國政權的本質，新的看法例如「圍堵」、「脫鉤」、「新冷戰」甚至於「文明的衝突」，取代了早期的「建設性交往」。

亞伯的文章試圖從中國的歷史文化剖析今日的共產中國。中國的歷史是一部帝王政治的歷史，朝代興衰的歷史，暴力改換朝代的歷史，「成者爲王，敗者爲寇」，「槍桿子裡出政權」，哪有人權、自由、民主的影子？共產中國和中國的歷代王朝並無兩樣，只是戴上近代共產主義的假面具，正如史學家 Ross Terrill所分析，現在的共產中國只是另一個「新中華帝國」而已。從這個角度來看，本書也許更可以幫助了解今日的共產中國到底是一個怎麼樣的國家。

亞伯兄從事媒體工作多年，觀察洞徹，文筆流暢，本書中所提出的觀點令人深思，在此鄭重推薦。

陳文彥

（全球台灣研究中心（GTI）董事長、

前台灣人公共事務會（FAPA）會長）

二〇一九年十月

自序

中國（China）——這個自秦始皇以後，兩千兩百多年來，執政者一向靠暴力革命產生，一向靠暴力鎮壓來維持，若按照現代的政治學理論，可以說從未產生過合法政權。

時至今日，眾所皆知，共產黨是以階級鬥爭起家，首要核心就是強調仇恨，鼓動仇恨，提倡階級鬥爭。而毛澤東式的中國共產黨，更集合了中國歷代統治者陰毒於一身，仇恨心自然變本加厲。

在中國，由於沒有西方基督教眾生平等愛人如己的背景，致使毛澤東在奪取政權後，可以毫無顧忌地發起一系列「鎮反」「肅反」「反右」「三面紅旗」「大躍進」「人民公社」乃至「文化大革命」等，一個接著一個血腥無比的群眾運動，將普通人內心裡潛藏的陰暗面，發揮得淋漓盡致，達到史無前例登峰造極的地步！

毛死後雖已少見群眾運動，但過去反覆強調仇恨的種子，已然深植人心，餘波盪漾下，使現在的中國人仍然極度缺乏安全感，猜忌仍然是人與人之間的常態。而猜忌與仇恨，乃一體兩面。

這就像已經暴斃兩千兩百多年的秦始皇，所留下的惡表，迄今仍籠罩中國人頭上，無法擺脫，多數人也毫無感覺。自稱超過秦始皇百倍的毛澤東，所遺留下的惡劣影響，還用問嗎？

從人民幣上的毛像，到天安門城樓上的毛像，無所不在的毛像就明明白白揭示，比起那些被掃進歷史垃圾堆的同時代暴君——蘇聯的史達林，納粹德國的希特勒，這個曾經造成四、五千萬中國人慘死的毛澤東，迄今仍高踞中國神壇，直接間接支配中國人的思言行爲。

換句話說，現今的中國就本質意義來說，不單單是在中國共產黨一黨專制之下，而且是在毛澤東特有的共產黨專制之下。簡言之，整個中國大地，仍然處在毛澤東腳下被蹂躪的狀態！

本書收錄的，是筆者過去數年間發表的一些時評和演講，儘管主題各有不同，但無非都是希望讀者能從其中，認清秦始皇大一統以後，中國掌權者對內高壓對外侵略的本質，以及此一本質在毛共統治下的今天，更是多麼變本加厲！

在秦始皇高壓殘暴統治下，秦始皇墳墓裡數達十萬的兵馬俑，其實正是秦王朝百姓的縮影。而當代毛共極權統治下的中國人，說實在，和秦始皇墳墓裡的兵馬俑又有什麼不同？

更精確來說，比起歐威爾的諷刺小說《動物農莊》和《1984》裡所描述的情景，毛共中國實實在在的現實卻是，恨不得將治下的每一個子民，都捏塑得像兵馬俑一樣——有軀殼而無思想，有軀殼而無靈魂，這才是毛共中國統治者的初心！

一九九五年筆者出版《亂——惡性循環的中國文化》一書時，曾經在序裡提到：「……尤有甚者，由於中國人口的眾多，假以時日，在今天這種交通發達，中國人大量外移的情況下，我眞的擔心，有一天，甚至連西方的優質文明，也會被咱們這個毒素文明給污染，給破壞，那該是全人類何等的不幸！……」

如今事實證明，這種現象正在猛烈發生。對內，從天安門廣場公然屠殺手無寸鐵的青年學生、血腥迫害西藏僧侶，到壓榨億萬農民工、將上百萬維吾爾人關進集中營，等等等等；對外，從無恥盜竊西方知識產權、擾亂破壞世界貿易行爲準則，到南海大搞軍事化威脅周邊國家、威脅海上航行自由，等等等等，不一而足。

更叫人難以接受的是，在毛共中國的洗腦宣傳教育下，絕大多數中國人對這些行爲非但不知自我反省，反而顛倒黑白，動不動倒過頭來怨怪別人「打壓」、「圍堵」、「反華」！

爲什麼會出現這種反應？這種蠻不講理的反應究竟源自何處？相信是所有讀者共同的疑惑。

本書即在此現象和基礎上，期盼與讀者共同探討，毛共中國在現今世界舞台上，如何以其自秦始皇大一統以後所傳承的特質，毒害現代西方優質文明，毒害自由、民主、法治、人權——此一現代文明格外推崇的普世價值！

心理學上的名言：「要解決問題，得先認清問題所在。」但願本書能有助發揮這樣的功效，是爲現代文明人之大幸！

宋亞伯

二〇一九年八月於華府

又及：

本書出版過程裡，除了感謝彭明敏教授、王景弘先生、劉志聰先生、陳文彥教授賜序推薦外；還承蒙內子尹華第始終如一的支持鼓勵；恩師莊尚武教授的熱情指導；以及製片家陳宗秀女士、出版家林文欽先生、葉麗晴女士、已故賴義雄博士、康世平教授、朱石象醫生、李仁旭博士、田康麟先生、鄒保祿神父、陳柏壽牧師、田中和（Nodoka Tanaka）女士、歐姿良女士、吳和鐲女士等人饒富意義的建議和鼓勵，謹此一併致上由衷感謝！

目次

下篇：【毛共中國與自由世界】

上篇：【毛共中國與自由台灣】

1. 由秦始皇大一統看中國崛起對台灣及全世界的危害

一：紀元前二二一年以前，也就是距今兩千兩百多年以前，以黃河流域中下游爲主的華夏地區，諸國平等獨立。其上雖有所謂的「周天子」，但只是象徵性的共主。

＊＊＊

二：紀元前二二一年，諸國之一、地理位置最西的秦王國國王嬴政，以絕對高壓殘暴的方式，統一東方六國，自稱「皇帝」。意思就是，比「三皇五帝」更偉大。就某種意義來說，等於上帝。

例子：秦始皇乘船於洞庭湖中突遇風浪，幾乎翻船，怪罪湖中小島湘山之神作怪，於是派刑徒三千，以砍光湘山樹木的作法，怒懲湘山之神。試想，連鬼神都可以懲罰，這不是上帝是什麼？

自此以後，華夏文明的發展不但停滯，而且開始倒退；不但進入黑暗，而且越來越黑暗，直至清末。

秦王國或秦始皇以其絕對野蠻殘暴的特質，摧毀先秦時代的一些文明或倫理。其中最著名的惡例有：

1. 秦王國撕毀「殺降者不祥」的古訓與慣例，在長平之戰勝利後，一舉坑殺趙國降卒（戰俘）二十萬人。

2. 焚書坑儒——秦始皇因不滿書生議論，一舉活埋四百六十多名儒生。並且為了愚民，徹底銷毀先秦所有著作，只准許留下醫藥、卜筮和種樹這三種無損其統治權威，助長迷信的書籍。

3. 築長城；修秦陵（秦始皇的墳墓，地下宮殿，據說光是兵馬俑的數目即達十萬，可見其規模）；建阿房宮（項羽打進咸陽，焚毀阿房宮時，大火三個月不息，規模可見），無一不徵調數十萬上百萬民夫，榨盡天下勞動力。由於秦始皇的兇殘暴虐，產生的民間怨恨之深，造成爾後中國歷代革命，推翻前朝，無不以燒燬前朝宮殿作為報復洩恨的方式。從而使具有三千多年歷史的華夏文明，古建築物幾乎一片空白！

4. 從此在中國，政治永遠凌駕在宗教之上，皇帝高於上帝，演變到現在的毛共（毛澤東式共產黨）中國，對宗教的箝制更是無所不用其極，甚至連人的靈魂都要干涉，當然更不可能像西方那樣，演化成政教分離的民主政治。

5. 在此絕對專制，絕對控制，絕對高壓，絕對封閉的統治下，才得以發生秦始皇暴斃後，宦官趙高以秦始皇名義，矯詔賜死長子扶蘇，與次子胡亥狼狽爲奸胡作非爲之事。

6. 另方面，也才得以發生宦官趙高一方面蒙蔽少主，一方面以指鹿爲馬方式，樹立自己權威。

從此，是非正義徹底在華夏大地消亡。代之而起的，是一切以權力爲依歸。而權力的來源，又是看誰比誰更兇狠、更狡詐，中國政治從此退化成徹底弱肉強食的野蠻狀態。

清末以後，伴隨西方強權而來的現代化物質文明和基督教文明，給歷經兩千兩百多年斲喪、已經腐朽不堪的中國文化傳統注入新血。但是，甚至到今天，仍敵不過秦始皇大一統以後所累積的超強毒素。

所以，同樣面對西方先進文明的衝擊，日本可以在很短時間內，從反省到接受，到激發起明治維新，急起直追。但中國人則始終冥頑不化，抗拒，推拖。

直到今天，毛共中國及其知識份子，還仍然頑固地拒絕承認自由、民主、法治、人權是普世價值！

＊＊＊

三：在此順帶聲明，黃河流域的華夏文明並非沒輝煌成就。但是，這些輝煌成都發生在秦始皇高壓暴力的大一統以前。

各位不妨舉例看看，在華夏文明裡，有哪一樣足以誇耀的成就，不是產生在秦始皇大一統以前？

所謂的九流十家，那些至今依然讓人敬佩的大哲理論，什麼老子、莊子、孔子、孟子、墨子、孫子等等，請問：哪一位不是產生在先秦時代？

發明「毛瑟步槍」的德國軍事家毛瑟，在閱讀了「孫子兵法」後感歎道：「我佩服Chinese，但我佩服的是古代的Chinese。」而他所說的古代，指的就是兩千兩百多年前，秦始皇大一統以前的先秦時代。

換句話說，兩千兩百多年來，人口如此眾多的Chinese，對世界文明，可說毫無貢獻！

再舉個例子，我們都知道，對我們這種單音單義的方塊字語言來說，尤其是四個字的成語，堪稱為人類文明的瑰寶。但仔細推敲後你會發現，我們今天所使用的這些四個字成語，其中百分之九十以上，都產生在秦始皇以前的先秦時代。至於清末西洋文明東來以後新產生的一些詞彙，則是靠日本學者的推敲翻譯，再傳進中國。

再舉個例子，現在有許多文化改革論者，把中國文化傳統的弊病，歸咎於儒家文化。

其實，儒家只是先秦的諸子百家之一，儒家的倫理哲學有很多部份其實是很優美正確的。日本、韓國的社會倫理，很大一部份就傳自儒家。換句話說，為什麼儒家在日本、韓國不但不是問題，反而是社會安定的基石，為什麼在中國卻弊病叢生？

原來，問題不在儒家，問題在秦始皇以後的大一統。

我曾在〈問題不在儒家——大一統才是問題的根源〉一文裡對此有詳細解釋，在此附錄於後：

【事實上，從清末以來，謀求變法圖強的中國志士，無不把孔孟儒家當作是最大絆腳石。甚至在毛澤東蹂躪中國的年代，也一再高唱「打倒孔家店」。然而事實證明，孔家店被打倒了，但今天中國的社會人心又有什麼長進？

因此很顯然，台灣也好，中國也好，今日的主要問題並不在儒家不儒家。反過來，儒家也好，儒學也罷，不但並不可怕，而且還是一套相當優美的人生哲學。日本就吸收了其中不少精華，彌補本身神道教不足的倫理規範。韓國亦然，儒學迄今依然昌盛，但是並沒有減損韓國現代化的方向與成就。

至於中國的儒家，壞就壞在，自秦始皇高壓暴力式的大一統定於一之後，儒家也好，儒學（包括唐朝興起的科舉考試）也罷，與大一統的專制殘暴帝王狼狽爲奸，互相利用，才逐漸形成後來的醬缸。

換句話說，我們今天講到中國這個亂源，必須追本溯源，直搗問題核心，才可能有救。而這個核心就是，如果不能以自由民主法治人權爲宗旨，以政黨輪替合眾爲一的方式，組建一個合法合理的現代國家；那麼，中國就應該恢復秦始皇以前的狀態，裂解成多個國家，彼此制衡，以減輕其危害全世界的力道。】

＊＊＊

四：自紀元前二二一年，秦始皇大一統以後，到七世紀——也就是大約一千三百多年前，唐朝女皇帝武則天開始科舉考試制度後，更加堅固地形成了柏楊所說的「醬缸文化」。也就是，任何理性思想，一旦墮入其中，一定窒息而死，扭曲成大家一起不講是非，一起和稀泥的染缸。

在這種染缸裡的特色有：

1. 中國的知識份子形成了一切以做官為目的，以吹牛、拍馬、逢迎為主要本事的「士大夫階層」。
2. 權力是所有一切的最高原則，沒有是非對錯，演變成「官大學問大」的畸形現象。
3. 唯利是圖，羞恥心淪喪，正義感淪喪。看看那魏應充，看看那三鹿奶粉（包括嬰兒奶粉），你就知道是怎麼回事。
4. 甚至連一些起碼的邏輯理性都得屈服於權力和利益之下。
5. 照理，種瓜得瓜，種豆得豆；善有善報，惡有惡報，這是很普遍的自然現象。但是在秦始皇大一統以後的中國政治裡，卻成了「自古忠良無下場」的悲慘反常現象。

例子一：大有功於秦王國的商鞅，最後的下場是五馬分屍。例子二：大有功於秦帝國的丞相李斯，最後的下場是被腰斬。例子三：大有功於漢高祖劉邦的韓信，最後的下場是斬首，滅三族。例子四：一心爲漢室劉家著想的大臣晁錯，最後的下場是腰斬於市，滅三族。例子五：大有功於朱姓皇室的明末大將袁崇煥，最後的下場是凌遲（剝皮）處死。

6. 也因此，一方面爲了避禍，一方面爲了利益，造成中國知識份子心口不一，人格分裂的現象。絕少出現西方那種追求眞理良心的知識份子。

7. 與此同時，在這種一切以權勢爲依歸，一切以現實利益爲依歸的大環境裡，當然不可能出現「功成不居」這樣的高貴情操。

每個人，尤其是政治人物，對權勢利益的追求，都是得寸進尺，永遠不知道滿足，永無止境。如此，又怎麼可能產生像美國開國總統華盛頓、義大利建國英雄加里波底那樣，功成身退不戀權位的領袖？而一個國家的政治，如果沒有這類楷模典範讓後人效法，又怎麼可能建立起高尚的傳統？

日久天長的結果，這種染缸（或者說醬缸）裡形成了一種劣幣驅逐良幣的現象。理應以良知爲主要訴求的知識份子，大多數卻是站在統治者一邊，不管對錯不對錯，不管正義不正義，不管合理不合理。最眼前的例子，就是教育部長吳思華。

或說，改變日本，使日本脫胎換骨的大化革新，不就是學習唐朝的文化？的確如此。但需要強調的是，日本當初派往唐朝學習的上千名遣唐使、學問僧，其實主要只是透過漢文字，經過篩選，直接學習先秦時代的華夏文明。雖然也包括唐朝的典章制度，但是，對自秦始皇大一統以後已經淤積沈澱的污泥，這些遣唐使、學問僧顯然有意將之摒除在外。

最顯著的例子就是：

1. 他們拒絕學習中國的皇帝制度，拒絕改變日本傳統天皇尊貴到不管俗事俗務的傳統（這點，爲後來十九世紀日本的現代化順利成功，轉變成虛位元首的君主立憲，創造了絕佳環境）。

2. 他們拒絕學習從唐朝開始興起的科舉考試制度，而科舉考試制度正是造成後來中國士大夫階層興起的最主要黑手。

3. 他們學習唐朝的政府組織，但是拒絕學習唐朝宮廷嬪妃宦官成千累萬的作法。

4. 他們學習儒家文化的仁義禮智信等倫理規範，但是拒絕學習秦始皇大一統以後特有的，士大夫知識份子在統治者面前當「奴才」的文化。

事實上，日本武士道所推崇講究的「忠信」「氣節」等倫理信條，就是透過唐朝的漢文字，直接傳承自先秦時代的華夏古風。荊軻刺秦王就是此一華夏古風裡，最著名的一個例子。

換句話說，日本的大化革新反證了，華夏文明自秦始皇高壓暴力大一統以後，即使到一千三百多年前被稱爲偉大盛世的唐朝，就已經變得腐朽敗壞。

另外值得一提的是，中國人嘴裡慣稱的「漢唐盛世」，其實並非那麼回事。

我曾經在〈所謂漢唐，並非盛世〉一文裡做了解釋：

【當代華人口頭慣稱的「漢唐盛世」，其實是種一廂情願的誤稱。

首先，就拿我們所稱道的西漢「文景之治」來說，在兩漢（西漢與東漢）的三百八十八年歷史中，其實只佔了短短的三十九年。其餘包括兩漢之間王莽的新朝（十四年）在內，華夏大地的百姓，哪一天不是生活在高壓、叛亂、戰爭、悲苦之中？

再就我們所稱道的唐朝「貞觀之治」來說，在唐朝的二百八十九年歷史裡，其實只佔了短短的二十一年。其餘時間，華夏大地的百姓，哪一天不是生活在高壓、叛亂、戰爭、悲苦之中？

換句話說，以如此短暫曇花一現式的繁榮，拿來涵蓋其他大部分時間，一股腦稱之爲「盛世」，顯然名實不副，臉上貼金。

再說，從東漢結束，到唐朝興起，中間相隔了漫長的六百八十七年，怎麼可以信口一開就將之綁在一起，誇稱爲「漢唐盛世」呢？

或有人問，日本當年派遣大量遣唐使，從唐朝學去大量的中國文化精華，那又怎麼解釋？

很簡單，滋生發展於黃河流域的東亞古文明，在秦始皇統一後，仍然藉由文字流傳下來。因此，眼界高超的日本遣唐使，很顯然，大部分只是透過唐朝的漢文字，直接吸收仿效先秦文化中優美精華的部分（包括言行禮儀和倫理規範），而不是學習自秦始皇一統後被斲喪不堪、墮落腐化已達九百、一千年的唐朝文化。

舉例來說，從唐朝開始將中國人思想僵化禁錮的科舉考試制度，爲什麼日本遣唐使棄而不學？而日本武士道「士爲知己者死」的氣節倫理和尚武精神，可又是先秦文明的古風之一啊。】

＊　＊　＊

五：也因此，自紀元前二二一年，秦始皇以絕對殘暴的方式大一統以後，所謂的中國文化，成爲全世界最沒有人道最違反人性的文化，其兇殘與暴虐的程度，曠古絕今。

例子一：宮女上萬。像隋煬帝的後宮宮女人數，甚至超過四萬！

例子二：宦官上萬。想想看，一個社會裡，竟然有上萬的男人被割掉生殖器後，送進皇宮做苦力，這會是一個什麼樣的社會？

例子三：漢武帝發明的「腹誹之罪」，開啓後來的文字獄先河。及至明朝、清朝，文字獄更動輒讓上萬名知識份子被處死。思想控制，更上層樓。

例子四：秦王國發明連坐法，開始株連無辜，打擊面越擴越大，從滅三族，滅九族，到明成祖處死方孝儒時，甚至滅十族，連學生也算作一族。

反觀美國南北戰爭時的南軍統帥李將軍，若按秦始皇大一統以後的觀點，可是十足的「叛徒」、「美奸」，但李將軍在戰敗投降後所受到的懲處，僅只於繳械，斷絕從事政治活動，但是仍得以在自宅安養天年以終。

例子五：屠殺。不論政府軍還是反政府軍，在戰爭過程中動不動就屠城，也就是不分男女老幼，殺光城內居民。

張獻忠因爲年輕時前往四川，在四川受了當地人欺負，後來成了闖王，打進四川，在四川大開殺戒，把四川人幾乎殺光。

乾隆皇帝打進北疆，屠殺準葛爾族，甚至使準葛爾一族滅種消失，只剩下地理名詞。

「揚州十日記」裡所記載，清軍打破揚州城後，對揚州進行了十天無日無夜慘不忍睹的野蠻屠殺。

太平天國和曾國藩部隊，雙方你來我往，對轄下百姓無止境的屠殺。

一九八九年六月四日，以鄧小平爲首的毛共，對北京城內手無寸鐵的和平示威群眾在全世界電視機前眾目睽睽之下，用坦克和機關槍不分青紅皀白地濫殺。

一九四七年台灣發生二二八事件，蔣介石派兵入台，大舉屠殺。對此，台灣有所謂的教授：王曉波竟然稱，「二二八殺掉兩萬台灣人是小case！」，十足反證了秦始皇大一統以後的中國人心態，是多麼地野蠻！殘忍！又邪惡！

再舉個例子：毛澤東長征後期過西北草原淤泥時，完全無視兵卒人命，由兵卒以肉身當地樁，站在形同流沙的軟泥上，雙手上舉毛氈，讓毛澤東等人通過。僅此一舉，喪命兵卒以萬人計。其無視人命的心態，令人髮指！

例子六：一旦強大，一定對外侵略，四鄰遭殃。唐太宗的三征高麗，最近在南海欺負菲律賓、越南等小國，都是例子。形成「普天之下莫非王土，率土之濱莫非王臣」的狂妄潛意識。

事實上，在這種心態下，中國的皇帝不是上帝是什麼？

* * *

六：也因此，自秦始皇大一統以後，所謂的中國文化傳統，成爲一種完全失去自省能力的文化傳統。

因爲失去自省能力，所以不可能正視事實，自然也不可能眞正進步。因爲失去自省能力，所以如果出現問題，永遠是別人的錯。如此演變下來，當然更不可能懂得什麼叫感恩或寬恕，造成精神境界永遠無法文明，永遠處於蠻橫潑辣的野蠻狀態。

例子一：鴉片戰爭以及爾後的一連串戰爭，完全敲不醒秦始皇以後的自大秦奴（秦始皇的心奴）。

反照日本，自一八五四年美國黑船叩關事件後，雖然發生過內部掙扎、辯論、衝突、甚至戰爭，但還是很快地在十四年後的一八六八年，達成共識，激發出劃時代的明治維新，急起直追西方現代文明，二次大戰後甚至倒過頭來，造福全人類。

反觀中國，從自強運動、戊戌變法、國民革命、五四運動到毛共建立「新中國」，一直到現今台灣的馬英九國民黨政府，一樁樁，一件件，改革口號喊得震天價響，但有哪一樣不是半吊子和稀泥？

例子二：因爲毫無自省能力，自然也看不到秦始皇高壓暴力大一統以後的中國文化，其實和自由民主法治人權的西方現代文明是無法相容的。

因此總是在心不甘情不願的被迫情況下接受現代文明，但是仍死要面子往臉上貼金，於是出現一種中國獨有的怪現象。那就是，明明是學人家的現代化，卻必須冠以「中國化」三個字。

造成的結果是，即使不得不效法一些西方現代文明，卻總是變成半吊子四不像。譬如像張之洞提倡的「中學爲體，西學爲用」；譬如像孫中山提倡的「五權憲法」；譬如像毛澤東提倡的「社會主義中國化」；等等。

至於像日本人、韓國人那樣，因爲現代化成功而倒過頭來感謝西方所帶來的物質上和精神上的躍進，對中國人而言，是絕對不可能想像的天方夜譚。

例子三：因爲毫無反省能力，反過來，自然會變得疑神疑鬼，自卑感奇重，報復心奇強。稍不如意，就怨怪遭別人「打壓」、「圍堵」、「反華」，形成類似被迫害妄想狂的精神病狀態。

最淺近的例子就是：看不到日本在二次大戰吃到的苦頭，以及戰後的悔過自新，以及對中國現代化所做出的協助和貢獻，硬是對日本二戰時的行徑死咬不放。現在，終於逼使日本修改非戰憲法，重新武裝，對自己又有什麼好處呢？另外，怨恨美國對其在南海行爲的干預，但是從來不反省，是誰先在南海惹事生非對周邊小國鴨霸的？

例子四：國際政治，尤其是歐美現代文明下的國際政治，講究均勢。而均勢的條件之一是，大國得尊重小國，有時甚至得容忍小國。否則像秦始皇一樣，一國獨呑、通吃，那還需要什麼均勢？

然而，這種國際均勢的觀念，在秦始皇大一統以後的中國，是已經連根拔除的思想。

二次大戰結束，日本撤出中國，毛澤東和蔣介石立即火拼，其血腥慘烈的程度，百千倍於所謂的「對日抗戰」。不久，蔣介石屈居弱勢，曾希望和毛澤東以長江爲界，劃江而治，爲毛澤東所峻拒，就是個例子。

換句話說，中國只要強大，一定是追求所謂的「普天之下莫非王土，率土之濱莫非王臣」。按照這種邏輯，中國周邊的小國，哪有平等可言？簡直連活路都沒有！

例子五：對中國本身來說，因爲習慣於不反省，習慣於佔上風者獨佔通吃，演化的結果是，既得利益者絕不可能看到全局，因此也就不可能發展出需要靠妥協才能做到的民主政治。

例子六：對台灣的打壓無所不用其極。

其實，台灣如果從法理上眞正獨立，對中國絕對有百利而無一害。

但是，像西方民族那樣，同文同種同語言的人可以組成幾個甚至多個國家，彼此在國際舞台上偶爾互通聲氣互相聲援，這對秦始皇大一統以後的中國來說，是不可能接受的。被毛澤東及其陰魂徹底洗腦的中國知識份子，也不可能想通這一點。

＊＊＊

七：由於自秦始皇大一統以後的中國，一旦強大，周邊小國就沒有生存空間。使得中國（支那）成了柏楊所說，一個「被詛咒的民族」—因爲你一旦強大，就對外擴張侵略，別人想跟你共存共榮既不可能，打又打不過你，那當然只好怨恨詛咒了。

最眼前的例子：一九七〇年代初，歐美日本放棄當時的圍堵政策，指望協助中國脫貧，把中國拉進世界體系，不要再劍拔弩張，大家好好共存共榮。但是現在發現，秦始皇大一統以後的中國式思維，完全不是這麼回事，完全不吃這一套。很顯然，西方日本現在已經後悔，開始驚覺。

不過話又說回來，也可能算幸運。那就是，由於秦始皇大一統以後的中國本身，從沒有產生過合理合法的統治，因此，任何新政權（朝代）上台，除了最初短暫時間似乎顯得比較強大外，接下來無不重蹈前朝命運，自我不斷累積民間火山爆發前的怨恨能量，直到演變成下一次血腥革命，下一次改朝換代。如此週而復始，不斷地惡性循環。自然也就不需要外人動手，因爲，他本身就自顧不暇，無力外侵了。

* * *

八：想想看，自秦始皇以後，中國這種一旦強大，一定追求「普天之下莫非王土，率土之濱莫非王臣」的潛意識心態和作法是如此根深蒂固，連周邊小國都沒有生存空間，那麼，他們對內部還有不少人認爲自己是中國人、希望「終極統一」的台灣，會是什麼心態？

我個人的看法是，對一個沒有宗教信仰，沒有神國概念的毛共中國來說，吃掉台灣——也就是他們所說的「統一台灣」，幾乎已成了他們十三億人的使命，幾乎已成了他們十三億人的宗教！光憑這點，我們就絕對不可掉以輕心。

事實上，在面對龐然巨大而且已經露出窮凶惡極眞面目的毛共中國，如今連美國、日本、澳洲、菲律賓、越南、印度等國都開始驚覺警醒，急忙開始組成緊密的防守同盟，台灣當然更必須走同樣的路，才有可能保護得來不易的自由民主生活方式。怎麼還敢癡心妄想「兩岸一家親」？緊緊擁抱，密切交流？這不是往火坑裡跳是什麼？

至於抵擋中國野心併吞的最好方式，除了堅守自由民主法治人權這一普世價值、堅守民主陣營、和民主大國緊密結盟尋求幫助外；另一方面，也必須化解中國人冥頑不化的大一統思維潛意識。讓中國人，尤其是讓中國的知識份子，從迷夢中甦醒過來，認清如今已是二十一世紀，不需要也不可能追求什麼虛無飄渺的「大一統」，最後鬧出世界大戰，彼此玉石俱焚，對自己毫無意義。

也許，這才是眞正釜底抽薪，讓中國不再危害全世界的最好辦法。

＊＊＊

九：我曾在二十年前的著作：《亂——惡性循環的中國文化》一書裡提到：「由於中國人口的眾多，假以時日，在今天這種交通發達，中國人大量外移的情況下，我眞的擔心，有一天，甚至連西方的優質文明，也會被咱們這種毒素文明給污染、給破壞，那將是全人類何等的不幸。」

如今看來，似乎不幸言中。

放眼所及，自十幾年前中國崛起後，中國以及中國人對這個世界，從污染環境到駭客橫行，從摧殘野生動物到威脅四鄰小國，可曾給這個世界帶來一絲一毫正面的影響？因此，防堵中國崛起後對台灣及全世界的危害，已越來越成爲全世界有識之士的共識跟警覺。

最後必須強調的是，兩千兩百多年前春秋戰國長期爭鬥的下場，最後竟然是由其中最兇狠野蠻、最高壓專制的秦王國取勝，一統天下。

換句話說，在面對當前野蠻中國崛起的情況下，說實在，包括美國在內的任何一個文明國家，任何一個文明個人，都沒有自以爲安全無慮，對毛共中國掉以輕心的本錢。

每一個文明國家，每一個文明個人，都有義務要對秦始皇式的中國有清醒的認識，更要有伸張正義的勇氣、良心和準備。

（本文為二〇一五年八月十八日作者在華府台灣同鄉會之演講摘要）

2. 對現今中國應有的戰略戰術認識

讀者友人來函：「你最近的文章，一方面稱，在面對秦始皇式的中國崛起，甚至連包括美國在內的所有國家，都不可掉以輕心；一方面又對中國現代化武器的實際作戰能力，強烈質疑。你的說法，豈不自相矛盾？」

以下是筆者的解釋：

記得毛澤東與蔣介石在大陸爭鋒時，曾講過一句名言，要其黨徒「在戰略上藐視敵人，在戰術上重視敵人。」

事後證明，毛澤東這話確是事實，發揮了作用，最終打敗老蔣，讓自己登上天安門城樓，「坐天下」。

然而，毛澤東這句話，並非全部眞相。實際眞相應該是：對某種敵人，應該「在戰略上藐視，在戰術上重視」；但是對另種敵人，反過來，應該「在戰略上重視，在戰術上藐視」。

這兩句話看似相反，實則一體兩面。至於當用何者？端視敵人的本質，以及與敵人的對比關係。

＊＊＊

這裡就舉毛蔣鬥爭作例子。

最初，蔣介石的勢力實力比毛澤東大上百倍，因此，毛澤東集團必須在每個戰場每次戰役，小心翼翼全力以赴，這也是說，在戰術上重視敵人。

至於毛澤東曾經誇口，對付美國，也要「在戰略上藐視」，「美帝是個紙老虎」等等，則是因爲看穿美國是個自由民主的理性國家，對毛澤東關起門來殘民以逞的流氓作法，雖極不以爲然，但也無可奈何，並不會對其造成立即威脅，反倒還可藉此鼓動民族主義，凝聚民氣。

換句話說，從毛澤東的角度出發，對付美國也「在戰略上藐視它」，不能說沒有道理。

＊＊＊

至於筆者所說「在面對當前野蠻中國崛起的情況下，包括美國在內的任何一個文明國家，任何一個文明個人，都沒有自以爲安全無慮，對毛共中國掉以輕心的本錢。」則是因爲，以今天這個核武時代，站在自由民主國家的人道立場，在目前中國尚未腐蝕到自我分崩離析、土崩瓦解以前，以中國的地大人多，價值觀迥異於現代文明，因此，沒有理由不對中國的胡攪蠻纏、拿核武器訛詐、甚至眞幹、造成玉石俱焚的後果，小心防範。這也就是爲什麼我們得「在戰略上重視它」的道理。

＊＊＊

至於戰術層面，尤其在海空軍戰術上，別看中國閱兵時展示的裝備多麼華麗先進，但深入瞭解，就會發覺不值一笑。

道理很簡單，首先，這些個先進武器，有多少是中國自己研發製造紮實的現代工業產品？其次，以這樣一個無官不貪、知識份子全力外逃的國度，操作這些現代化先進武器的官兵，究竟有多少訓練？一旦戰起，難道眞能派上用場？因爲，現代化的海空戰爭，除了依靠武器的先進，更需要精實的日常保養，以及長期複雜高素質的兵員訓練。

現在，中國所要挑戰的，是以美日爲首的海空強權；首當其衝的，就是日本，而日本是道地的海洋國家，親水是其世世代代的民族本性。俗話說「強龍不壓地頭蛇」，中國以其幾千年閉鎖在大陸以內的特質，卻突然間自以爲不可一世，硬要在完全不熟悉的領域挑戰，以己之下肆對人之上肆，豈不是既沒有知人之智，復沒有自知之明？豈不犯了兵家大忌？

這也就是日本自衛隊前總參謀長爲什麼敢誇口，如果排除陸基戰略導彈，日本海上自衛隊有能力在一週內，殲滅中國艦隊。

換句話說，除非中國敢發動核子戰爭，造成世界大戰，玉石俱焚，同歸於盡。否則的話，那些華而不實的現代化武器，或許能嚇唬一些小國，但要嚇唬美日，顯然還早。這也就是爲什麼幾年前釣魚台事件被中國挑起後，日本非但沒被嚇著，反而倒過來修法重新武裝。

＊　＊　＊

眼看一些秦奴式的大一統民族主義者，被中國的九三大閱兵搞得目眩神迷，以為中國現在可是個和美國平起平坐，可以隨時「修理小日本」的超級大國了，一些不明究理的台灣同胞也跟著膽顫心驚，直呼台灣沒有獨立的本錢。

對此，筆者忍不住要強調，面對中國這樣一個迄今還拖著秦始皇沉重包袱的半現代國家，比起美日等西方強權，才是真正的「紙老虎」。我們對它的心態應該是，雖然在戰略上小心、重視、避免刺激它脆弱自卑的敏感神經；但在戰術上卻沒有必要被它的虛張聲勢給嚇倒。

傳統上，西方日本在提及對手時，有誇大對手能耐，掩藏自己優勢的傾向。然而即便如此，真實狀況偶爾也會不經意間透露出來。

像日本首相安倍前些時和媒體餐敘酒後所吐的真言：「必要時給中國在海上的狂妄行徑，敲打一番。」像中國九三大閱兵後，一位不具名的美國國防官員表示：「對於中國的武力展示，華盛頓並不特別感到擔憂。」以及專研中國海軍的山內敏秀教授說：「中國潛艇相當粗糙，其性能與日美潛艇比起來，有如幼稚園與大學之間的懸殊差距。」

換句話說，現階段就海空戰來說，中國根本還不堪一擊。至於未來，一方面，海空軍實力直接關乎一個國家的總體實力和國民素質；另方面，這幾年讓中國沾沾自喜耀武揚威的經濟繁榮，眼看將走下坡。凡此，中國的海空軍戰力，眼見的未來，又有什麼理由脫胎換骨？

* * *

二〇一六年台灣總統大選即將來臨，中國當局也好，台灣統派也罷，難免又要祭出「強大的祖國人民解放軍」來恐嚇台灣選民了，但如果了解實際眞相，就會發現，台灣只要站穩腳跟，堅守自由世界民主陣營，除非中國成爲眞正的現代化強國，否則的話，要想犯台，還早著呢。

而中國如果眞正成爲自由民主的現代化強國，又何至於犯台？又何需犯台呢？

（後記）：就在撰寫本文時，新聞報導，中國即將在台海舉行實彈軍演。目的很明顯，就是想嚇唬台灣人民，左右大選民意走向。但稍有常識者皆知，海空戰不是陸地戰，人海戰術派不上用場。而目前中國海空軍的綜合實力，莫說比起美日瞠乎其後，就算比起台灣（只要沒有內奸扯後腿），也還差上一截。這就是本文所再三強調，對一個靠對自己人民高壓兇暴維繫統治的腐化政權，我們雖不能鬆懈警惕，但也毋需被其裝模作樣的虛張聲勢給嚇到。全力防範的同時，也有充分的理由「在戰術上藐視它」。（二〇一五年九月）

3. 由文化認同、祖先認同、到國家認同

這裡，我首先要提的是：爲什麼台灣問題的最根源，其實就是國家認同的問題？很簡單，像WHA世界衛生大會這個幾乎沒有政治色彩的國際大會，爲什麼台灣會被拒絕參加？奧運代表隊爲什麼會出現「中華台北」這種匪夷所思的名稱？根源就出在台灣的正式國名。

而更改國名國號就需要修改憲法，而修改憲法之所以會這麼困難，遙不可期，其實最主要原因就是，還有太多太多的台灣人，包括絕大多數的外省人（新住民），還有很多很多的本省人（老住民），把他們在文化上的認同，把他們在祖先上的認同，混淆擾亂了他們對台灣這個國家應有的認同。

這裡順便提到，中國民運人士王丹最近在離開台灣前表示，台獨人士如果沒有流血犧牲的決心，那就是打嘴炮。對這種說法我不盡贊同，原因是：

第一、時代不同了，如果台獨人士一味追求武裝鬥爭，事實上，在還沒有成事之

前，首先就會被認爲是恐怖組織而受到各方壓制。

第二：台灣現在的處境，不是要從某個被統治的地區裡尋求獨立。相反，台灣本身早就已經是個完完整整，而且有堅強實力的獨立體，只不過是希望尋求名實相符的國名國號而已。

第三：台灣如果眞能在強大的民意要求下，修改憲法，更改國名國號，我不認爲中國會因此而攻打台灣，頂多作態威脅罷了。

道理很簡單，台灣位居東亞戰略要衝，是自由世界的重要成員。像北韓這麼樣一個窮兵黷武，挑釁西方，行爲惡劣的國家，美國和西方都不敢下手，爲的是不敢引起無法承擔的後果。爲什麼循規蹈矩，友善四鄰，對國際社會有正面貢獻的台灣，依靠絕大多數民意而修改憲法，更改國號，中國就會不計後果，攻打台灣呢？這根本違反起碼的常識跟邏輯嘛。

反過來，台灣現在不論是國民黨執政也好，民進黨執政也罷，無不緊抱「中華民國」這塊招牌，然而，毛共中國北京當局就因此放過了嗎？

事實上，即使台灣眞的做到更改國名國號，但是，以台灣人的傳統民心，只會對中國更加有利，更加友好，難道中國會不知道嗎？當然知道。換句話說，中國現在動不動威脅對台灣動武，其實是虛張聲勢，想先聲奪人，想不戰而屈人之兵，想打最好的如意算盤，最好能夠吃乾抹淨通吃獨拿罷了。

清末民初的國民革命，在中國歷史上，算是死亡犧牲人數最少的一次改朝換代了，而那次的改朝換代之所以死亡犧牲人數最少，很重要的一個原因是，海外華人扮演了一個重要角色。所以孫文稱「華僑爲革命之母」。

同樣地，台灣在今天一切都早已完整獨立的情況下，追求國名國號的名實相符，不需要依靠流血戰爭，海外台灣人照樣也可以扮演一個重要角色，扮演一個重要推手，情況和王丹等人所以爲的「槍桿子才能出政權」的想法，完全不可同日而語。

「道統」、「法統」、「正統」、「民族大義」和「大一統」

接下來要提的是：從蔣介石，到毛澤東，到習近平，爲什麼華人世界始終圍繞在「道統」、「法統」、「正統」、「民族大義」和「大一統」的漩渦裡打轉？

二次大戰結束時，日本放棄對台主權，當時以美國爲首的盟國，曾有意支持台灣獨立，但是調查結果，當時的台灣民意，選擇的卻是「回歸祖國」；最後換來二二八事件，當然後悔已經來不及了。

一九七一年毛共中國進入聯合國之前，在台灣的蔣介石國民黨政府，每年花費大筆鈔票進行所謂的「聯合國中國代表權保衛戰」，到最後眼看保不住了，美國西方還曾經勸說蔣介石能夠更改國名國號，好讓台灣能繼續留在聯合國，但換來的卻是蔣介石的「漢賊不兩立」回應，當然也就終於被趕了出來。

一九八〇年代，英國準備退出香港時的香港，也遭遇同樣情況，英國也想支持香港獨立，但是各位想想，可能嗎？

那些懷抱「道統」、「法統」、「正統」、「民族大義」與「大一統」情意結的香港人，寧可一方面咒罵「九七大限」，一方面腳底抹油，爭先恐後往外移民，但也完全沒有想到自己可以獨立，當然，如今後悔也來不及了。

我們都知道，中國人的眞正宗教信仰，其實是祖先崇拜，因此所延伸散放出的現象，就是強調所謂的「道統」、「法統」、「正統」、「民族大義」和「大一統」，這種幾近宗教信仰，卻又不是宗教信仰的匪夷所思觀念。

可以這麼說，這種觀念，或者說，這種在先秦時代只是眾學說之一的儒家觀念，自秦始皇在政治上統一後，更強固地形成了幾乎等於中國人的宗教。

反觀西方，西方文明源自古埃及，但是，今天的埃及會稱自己是古埃及的「道統」、「法統」與「正統」嗎？歐洲文明源自於古羅馬，但是，今天的義大利會稱自己是古羅馬的「道統」、「法統」與「正統」嗎？

原因很簡單，就是因爲在中國的文明文化裡，缺少對上帝最高造物主的信仰，缺少基督教更高層次的神國觀念，所以才把這種所謂的「道統」、「法統」、「正統」、「民族大義」與「大一統」，提升成他們自認爲的「普世價值」，成了他們的宗教式信仰。

換句話說，台灣現今的國家認同問題，其實也是海峽兩岸共同面臨的問題。

蔣介石深受這種觀念的醬缸洗腦固不用說了。就算當初標榜先進的毛澤東，還曾經支持過台灣獨立呢，但是一旦坐大，立刻一百八十度轉變。

因爲，在這種「道統」、「法統」、「正統」、「民族大義」與「大一統」的觀念下，歷來的中國政治領袖一旦佔了上風，追求的就是「坐天下」——把天下踩在腳下，超越所有世人，自己就是上帝。這和西方人信仰上帝最高造物主的精神，在上主面前人人平等的觀念，完全不可同日而語。

美國人對歐洲母國的文化認同

接下來要提的是：從西方人的文化認同，看台灣人的文化認同。

美國人對英國，對歐洲母國的文化認同，並不亞於我們台灣人對大陸故土的文化認同，但是，隨著時間推移，北美大陸命運共同體的形成，自然也就超越了對英國，對歐洲母國的文化認同，於是乃有獨立戰爭的爆發。

換句話說，西方人對祖先故土文化上的認同，只是一種念舊的情懷，但是，這不會造成他們對眼前命運共同體的否定。但是在台灣，目前還有太多太多的外省人（新住民），和本省人（老住民），對這一點沒有辦法分辨清楚。

前陣子在新聞上看到，有統派學者在電視上竟然說：「只要你們還過端午節，中秋節，你們就沒有資格談獨立！」這是什麼話啊！別的不說，世界上有多少個國家慶祝聖誕節呢？那他們也得大一統了？

不過話說回來，的確，在這些慶祝聖誕節的國家裡，他們精神裡的神國，倒是一致的，倒是大一統的！

換句話說，之所以會有這種差異，跟西方人的傳統宗教信仰，有更高層次的神國概念，有眞正不受世俗影響的普世價値，有著絕對關係。

橋歸橋，路歸路

接著要提的是：從西方人的祖先認同，看台灣人的祖先認同。

同樣，美國人對英國，對歐洲母國的祖先血緣，事實上也非常感興趣，甚至還有專門的網站，在電視上大做廣告，提供收費查詢。

但是橋歸橋，路歸路，他們對祖先的認同，只是一種念舊的情懷，不會因此而讓他們對眼前的命運共同體懷有二心，甚至倒過來加以否定。相反，在台灣的絕大多數外省人（新住民），還有太多太多的本省人（老住民），他們能做到這樣的明辨嗎？

舉個例子，像艾森豪的祖父還是德國移民，但是這完全不妨礙艾森豪對美國的國家認同，完全不妨礙艾森豪率領盟軍將納粹德國打成一片瓦礫。

艾森豪的作爲，如果換做是中國人，豈不被罵死罵翻，認爲是背祖忘宗，數典忘祖十惡不赦的罪人。

再舉個例子，像二次大戰時的日裔美國人，甚至被美國白人為主流的政府關進集中營裡，但是，也沒有改變他們對美國這個命運共同體的國家認同和效忠，仍然積極組軍參戰，先打歐洲，歐戰勝利後，接著再打日本，死傷四分之三以上，戰績彪炳。幾年前才去世的夏威夷州獨臂參議員井上，就是其中最著名的代表。

像日裔美國人的這種作為，換做一天到晚口念「道統」、「法統」、「正統」、「民族大義」和「大一統」的中國人身上，可能出現嗎？

馬英九前年在新加坡馬習會時，甚至聲稱「我們家在江西住了一千多年」。我們可能指望像這種祖先認同模式的人，對台灣命運共同體的國家認同，不產生妨礙嗎？

國家認同根植於命運共同體

接下來，再從西方人的國家認同，看台灣人的國家認同。

一言以蔽之，西方人對國家的認同，基本上是根植於命運共同體之上，絕對不可能像中國人那樣，無限往上推。

這裡只簡單舉個例子，像蒙古統治中國全境九十年。但是，在中國的史書上，卻死活都要把這九十年，硬拗成所謂的元朝，以符合其一貫的「道統」、「法統」、「正統」、「民族大義」與「大一統」的思維。

之所以會出現這種荒謬絕倫的現象，主要還是中國人沒有眞正的宗教信仰，沒有基督教神國的概念，於是，才會把這種自以爲是的想法，上升成爲宗教般的高度，像咒語一般，終日唸唸有詞，牢不可破。

擺脫不了所謂的「祖國情結」

最後，讓我們談談海外華人的「祖國認同」心態。

其中，最典型的一個例子就是，官至美國中央情報局中高層官員的金無怠，但是卻在美中建交過程裡投效中國，做出傷害美國國家利益，自己也沒有得到任何好處的舉動。

這種在西方人眼裡匪夷所思舉動的背後，其實，正是中國人那種「道統」、「法統」、「正統」、「民族大義」與「大一統」的情意結在作祟。

此外，像層出不窮發生的，美籍華人甘願充當中國間諜，竊取國防情報，工業機密，甚至農業機密的事件，也無一不是同樣的原因在背後作怪。

至於台灣的郝柏村、連戰，這些吃台灣米，喝台灣水，當台灣大官，在台灣享盡榮華富貴的人，照理，應該是與台灣命運絕對綁在一起的人物，卻到頭來向一千多枚飛彈對準台灣的中國輸誠，之所以會出現這種正常人無法理解的現象，主要原因，就是這種「道統」、「法統」、「正統」、「民族大義」與「大一統」的潛意識情意結，使得他們把文化上的認同，祖先上的認同，混淆擾亂了他們應有的國家認同！

最有趣的一個例子，就是前年，中國駐舊金山總領事，在一場中國移民第二代孩子的集會上，擺出一副訓斥的嘴臉，說：「你不要以爲你是美國人，你不要以爲你不會說中國話你就是美國人，只要你還是黃皮膚黑頭髮，你就生生世世都是中國人，永遠不可能改變！」

這難道不正是所謂「道統」、「法統」、「正統」、「民族大義」與「大一統」心態最典型的反射嗎？

一個最不懂得感恩的民族

最後，我必須強調，一個沒有眞正宗教信仰，或者說，沒有基督宗教信仰的中國人，是一個最不懂得感恩的民族，即使得了好處，一旦坐大，也會立即翻臉不認賬，當然也因此，在實際政治上，他們也不可能發展出共存共榮的民主政治。

反過來，正是由於他們太專注在「道統」、「法統」、「正統」、「民族大義」與「大一統」的漩渦裡打轉，因此很自然而然地，養成了一種你死我活，成王敗寇，記仇記恨，甚至誇大仇恨，培養仇恨的民族特色。

美國當年把中國拉進世界貿易體系，希望中國富裕後彼此共存共榮的想法；日本當年懷抱二戰歉意，扶助中國工農業發展，擺脫貧困；尤其是台灣，更是懷抱血濃於水之心，對中國今天的經濟崛起，貢獻最多，功勞最大，但是，換來的是什麼呢？

換句話說，事實已經擺得很明顯，只有等到海峽兩岸的人，能夠把文化認同祖先認同，和國家認同分辨清楚；徹底擺脫「道統」、「法統」、「正統」、「民族大義」與「大一統」的荒謬思想，台灣追求更改國名國號的問題也好，中國本身追求民主化的問題也好，才有可能得到釜底抽薪的解決。

（本文爲作者二〇一七年六月十三日在華府台灣同鄉會之演講摘要）

4. 所謂漢唐，並非盛世

有讀者來信提出，為什麼中國文化傳統優美精華的部分只存在於秦始皇統一黃河流域各文明國之前，難道之後的漢唐不算？

在此簡要說明。

當代華人嘴裡慣稱的「漢唐盛世」，其實是種一廂情願的誤稱。

首先，就拿我們所稱道的西漢「文景之治」來說，在兩漢（西漢與東漢）的三百八十八年歷史中，其實只佔了短短的三十九年。其餘包括兩漢之間的王莽新朝（十四年）在內，華夏大地上的百姓，哪一天不是生活在高壓、叛亂（反高壓）、戰爭、悲苦之中？

再就我們所稱道的唐朝「貞觀之治」來說，在唐朝的二百八十九年歷史裡，其實只佔了短短的二十一年。其餘時間，華夏大地上的百姓，哪一天不是生活在高壓、叛亂（反高壓）、戰爭、悲苦之中？

換句話說，以如此短暫曇花一現式的繁榮，就拿來涵蓋其他大部分時間，一股腦稱之爲「盛世」，顯然名實不副，臉上貼金。

再說，從東漢結束，到唐朝興起，中間相隔了漫長的六百八十七年，又怎麼可以信口一開，就將之綁在一起，誇稱爲「漢唐盛世」呢？

還有人問，日本當年派遣眾多遣唐使，從唐朝學去大量的中國文化精華，那又怎麼解釋？

很簡單，滋生發展於黃河流域的東亞古文明，在秦始皇統一後，仍然藉由文字流傳下來。因此，眼界高超的日本遣唐使，很顯然，大部分只是透過文字，直接吸收仿效先秦文化中優美精華的部分（包括言行禮儀和倫理規範），而不是學習早已被斲喪不堪、墮落腐化已達一千多年之久的唐朝文化。

舉個例子，從唐朝開始將中國人思想僵化禁錮的科舉考試制度，爲什麼日本遣唐使就摒棄不學？而日本武士道「士爲知己者死」的氣節倫理和尚武精神，可又是先秦華夏文明的古風之一啊。（二〇一四年六月）

5. 大一統才是問題的根源

自「爲什麼要以秦始皇作爲分界點？」一文刊出後，有讀者在網上留言說：「準備選台北市長的柯文哲，數次提到他選市長是要實現當年蔣渭水的理想，從他的競選口號：『要改變台灣從台北開始，要改變台北從文化開始。』柯文哲似乎也像蔣渭水一樣的重視文化。但是重視文化有最大的盲點，那就是又會回頭到漢傳文化儒教的惡毒思想中，永遠在落後的中華儒教醬缸文化中空轉，遺害子孫而已。」

對此，筆者的看法是：

事實上，從清末以來，謀求變法圖強的中國志士，無不把孔孟儒家當作是最大的絆腳石。甚至在毛澤東蹂躪中國的年代，也一再高唱「打倒孔家店」。然而事實證明，孔家店被打倒了，但今天中國的社會人心又有什麼長進？

現在又倒過頭來擁抱孔子了，在海外各地砸錢設立什麼「孔子學院」，不但自打嘴巴，更是對孔子的最大污辱。

因此很顯然的，台灣也好，中國也好，今日的主要問題並不全在儒家。*反過來，儒家也好，儒學也罷，還是一套相當優美的人生哲學。日本就吸收了其中不少精華，彌補本身神道教不足的倫理規範。韓國亦然，儒學迄今依然昌盛，但是並沒有減損韓國現代化的方向與成就。

至於中國的儒家，壞就壞在，自秦始皇以高壓暴力方式大一統、定於一以後，儒家也好，儒學（包括唐朝興起的科舉考試）也罷，與大一統的專制帝王互相利用，狼狽爲奸，才逐漸形成後來的醬缸。

換句話說，我們今天講到中國這個亂源，必須追本溯源，直搗問題核心，才可能有救。

而這個核心就是：如果不能以自由民主法治人權爲宗旨，以政黨輪替合眾爲一爲方式，組建一個合理合法的現代國家；那麼，中國就應該恢復秦始皇以前的狀態，裂解成多個國家，彼此制衡，以減輕其危害全世界的力道。（二〇一四年八月）

* 儒家當然也是中國問題的根源之一！有關這點，筆者在本書〈透視毛共中國企圖併吞台灣的理論基礎〉篇章裡，有詳細闡述。

6.「台灣加香港也難改變大陸的事」？

美國世界日報近日就香港民眾爭取特首普選的「佔中運動」發表社論，標題爲「台灣加香港也難改變大陸的事」。

由於其中一些論點似是而非，難免誤導讀者，忍不住爲之一駁。

首先，莫說「台灣加香港也難改變大陸的事」，就算加上美國、英國、法國、德國、加拿大、澳大利亞，甚至加上全世界所有民主國家，又可能改變得了大陸的事嗎？

換句話說，很顯然，台灣加香港改變不了大陸的事，原因不是別的，而是中國人的冥頑不化！

回想十九世紀，中國和日本同樣遭遇西洋先進文明叩關這一史無前例的巨變，但兩者的反應卻截然不同。

日本在美國佩里將軍率艦迫開門戶後，也被迫和西方列強簽定了一連串不平等條約。但目光遠大劍及履及的日本知識階層（武士階層），立刻認識到自己和西方先進文明的巨大落差，於是以福澤諭吉爲首的日本知識界（武士階層），很快就得出「脫亞入歐」這一共識，從而引領出劃時代的明治維新。相對地，不過十來年光景，同樣識時務的西方列強，也很快就陸續撤銷和日本的不平等條約，改訂新約。

反觀中國，鴉片戰爭後，由於冥頑不化，又繼續惹來一連串羞辱，簽定一次比一次難堪的不平等條約。

但即使如此，冥頑不化的中國知識份子（士大夫階層）寧可死硬也不肯正視事實。甚至到一九〇〇年——也就是鴉片戰爭發生後五十二年，日本明治維新後三十二年，還繼續照樣冥頑不化，終至爆發由「當今聖上」、「老佛爺」慈禧太后鼓動，向全世界宣戰的義和團事件，引來八國聯軍打入北京！

換句話說，這種擇惡固執超級冥頑不化的死硬精神，可是其來有自，源遠流長，哪是現在才有的呢？

事實上，這種從秦始皇大一統以後歷代累積逐年加深加厚的超級冥頑不化（也就是柏楊所稱的醬缸），才是眞正的中國特色。港台兩地若能少受污染，即屬萬幸，遑論「改變大陸的事」？

分權不是分裂；一統不是大一統

再就該社論所舉的頭一項理由，說是因爲，中國人「認定大一統是強國之道，是中國穩定發展的前提。習近平日前說『統則強，分必亂』是歷史規律。分裂，對多民族的中國是災難，不只製造內耗，還阻滯現代化進程，削弱國力，重蹈二十世紀外邦侵凌的苦難。」

事實上，多民族國家遠不只中國，爲什麼這些國家像美國、俄國、加拿大、巴西、乃至法國、英國等等，民主分權不但不是災難，更沒有阻礙他們的現代化進程？

原來，大一統不大一統不是問題，問題是，以什麼方式大一統？

林肯不惜內戰也不願美國分裂，但是，內戰一旦結束，美國社會立刻恢復自由民主法治人權的常態，不管南方人或北方人，都得以安居樂業。即使曾經參戰的南軍，也沒有被勝利的北軍當權派黨同伐異，秋後算帳。甚至連西點畢業的南軍統帥李將軍，也沒有被冠以「叛徒」、「美奸」之名，碎屍萬段，抄家滅族，反而是讓其安養天年以終。

其他像英國、美國、德國、加拿大、巴西、澳大利亞、甚至俄國，印度，哪一個不是以名實相符的聯邦制度，凝聚維繫一個龐大的多民族國家？哪一個像我們這樣，當權者一方面以秦始皇的方式高壓暴力洗腦獨霸，一方面卻宣稱十三億人民都認定大一統？熱愛大一統？

由於中國式的大一統是秦始皇式的大一統，是暴力高壓焚書坑儒式的大一統，是唯我獨尊的大一統，是權力絕對獨攬獨霸的大一統，是當權者即上帝的大一統。試想，這種大一統的結果，有可能產生好的結果嗎？

再說，西方大國的一統，和中國秦始皇式的大一統，在內涵定義和本質上也有所不同。

西方大國的一統，是在一定範圍內，根據一定的歷史淵源，奠基於命運共同體的利益，以民主法治精神，凝聚團結起來的大國。出了這個範圍，不但無能爲力，而且也會危及自身的安全利益。因此，西方大國對周邊小國，儘管能夠易如反掌地欺侮或兼併，但他們卻不會這麼做，反而是給予尊重。

反觀中國所謂的大一統，那可是無限上綱的「普天之下莫非王土，率土之濱莫非王臣」的大一統！也因此，在自身發生動亂或對外撞到鐵板以前，中國對外的野心是無止境的。周邊小國，不但得不到西方小國所受到的尊重與包容，甚至整日提心吊膽，隨時擔心被欺侮，被吞噬。

Live and Let Live

至於所說「統則強，分必亂」，也是經不起分析的詭辯。

事實上，雖然民主從不是黃河流域文明的內涵，但是，在秦始皇沒有統一的先秦時代，即使各國之間時有摩擦衝突甚至戰爭；但總的來說，多數國家在本身境內，還維持有一定程度的合理化。有些國家，譬如齊國、鄭國、魯國，一般人還享有相當程度的自由和尊嚴；至於倫理規範，更不在話下。

壞就壞在，位在當時西方的秦王國，以其最兇殘野蠻的暴力傳統，不斷向文明的東方各國侵略併吞，最後終於一統天下，給爾後所謂的中國定了型。而這個型，正是秦王國式的兇暴殘虐和唯我獨尊！

事實上，如果按照秦始皇的大一統邏輯——強大的國家吞滅兼併弱小鄰國乃天經地義之事，那麼，歐洲現在還會有這麼多富裕安康先進繁榮安和樂利的小國存在嗎？

西方在基督教寬容包容的教義下所衍生出的一句俗語「Live and Let Live」（自己活，也讓別人活），乃是近代西方民主精神層面的要素之一。但這豈是我們飽受秦始皇式大一統觀念麻痺中毒的同胞所能理解與接受？（二〇一四年十月）

7. 人若犯我，我必犯人？

最近因美國和南韓準備在黃海舉行聯合軍演而民族主義情緒高漲的中國，不少人，不論官方還是民間，紛紛喊出「人不犯我，我不犯人；人若犯我，我必犯人」這句毛澤東的名言。據傳，其國防部長楊光烈甚至喊出「不惜打場熱核戰」這樣的狠話。

這些人所持的理由是：

1. 黃海靠近中國京津地區，回想起當年英法聯軍、八國聯軍、甲午戰爭等屈辱往事，如今在國力如此強大情況下，居然還有人敢在大門口外軍演，豈不令人氣憤？

但問題是，當年的屈辱往事，畢竟早已事過境遷。如今放眼舉世，又有誰會侵略中國呢？再說，當年的所謂屈辱，究竟有多少是自找的？有沒有平心靜氣自我反省一下？因此，硬要把過去的傷痛無限解讀，無止境延伸，硬要把針對北韓的軍演看作是針對自己，是否有「受迫害妄想狂」之嫌？

再說，就拿世界頭號強權美國來說。就在去年，和美國長期唱反調的南美小國委內瑞拉，也找來俄羅斯海軍到俗稱美國後院的加勒比海聯合軍演。但只見美國官方表示理解和注意，卻不見神經緊繃如臨大敵，更不見老百姓義憤填膺民族主義大高其漲的。這又是為什麼呢？

2. 前陣子，北京當局在沒來由情況下，突然宣佈南海為其核心利益。言外之意似乎是，這是我中國的勢力範圍，不容外人染指。結果惹來了美國國務卿喜萊莉放話，南海屬國際水域，若有領土糾紛，應循外交管道根據國際法共同解決；以及隨後美國和越南乾脆在南海舉行聯合軍演。

這如果不是沒事找事，就顯然是迫不及待開始自大。試想，偌大的南海水域周邊有多少國家，而且又是國際最重要水道之一，突然宣佈為自己的禁臠，豈不引起公憤？若說，那美國又憑什麼萬里迢迢來這裡插手管閒事？這就太不知天高地厚了。試想，美國能有今日基本上掌控全球的霸權勢力，乃是在被動情況下，歷經兩次世界大戰，血流千萬的代價所逐漸形成。

中國如果因現在經濟富裕發達，就突然自覺偉大，浸浸乎想挑戰美國的霸權，豈不是準備冒戰爭的危險？而以現代世界各大國都擁有核武的情況，一旦開戰，將是人類毀滅的盡頭，誰又能有任何好處呢？難道說，那些身在海外吃香喝辣的毛共紅二代、富二代、官二代，都已經準備好，爲了南海要爲「祖國」犧牲了？

因此，光是這句惡狠狠的「人不犯我，我不犯人；人若犯我，我必犯人」，即便只是口頭上一句話，但是對一個一方面國力蒸蒸日上，一方面又獨裁專制，同時又擁有大量核武器的政權來說，就夠令人毛骨悚然心驚肉跳了。

事實上，中國朝野這句洋洋自得的「人若犯我，我必犯人」，除了展露野蠻本質，實則連邏輯都說不通！

因爲，倘若一個人冒犯了我，可能不是故意，也可能只是一時疏忽，或者居心並非那麼險惡，那麼不可饒恕，如果「我必犯人」，豈不成了睚眥必報？人人如此，那人間豈有寧日？豈非寸步難行？

換句話說，這句話其實也只是句狠話，實際上是行不通的。

但即便如此，這句話也多少反映出一個國家民族社會的心理狀態。或許，這也正是中國自秦始皇以後的歷史，總是亂多治少，總是不斷革命，總是不斷改朝換代的緣故之一吧。

反過來，哪一個文明社會不以禮讓爲人與人之間的共同行爲準則？不強調寬恕和原諒是一種美德？有哪一個文明社會的文明領袖會公然把害人之事自詡爲「陽謀」？公然誇口「人若犯我，我必犯人」的？

如今，中國經濟的富裕發達固令人刮目相看，但是很顯然，要如何成爲一個富而好禮的社會，還需要多加思索，多加把勁。不是口稱和諧社會，和諧社會就會憑空降臨。

史家無不同意，現代西方社會的自由民主，與基督教傳統密不可分，因此又將現代西方文明統稱爲基督教文明。

究其實，原因其實也簡單得很，光是耶穌親口所授祈禱文中那句「求祢寬恕我們的罪過（冒犯）；如同我們寬恕別人一樣」，就再三再四提醒我們凡事反求諸己，不要一味遷怒怨恨責怪，日久天長下來，才養成西方社會一種比較懂得妥協的民主社會的起碼心理基礎。

當然現代西方文明並非完美，耶穌的教誨迄今也無法剷除人性的陰暗和貪婪，但是無論如何，耶穌基督這句向萬有上主謙卑的祈禱詞，和毛澤東這句睥睨天下自以爲是的豪語，對西方社會和中國社會的人心教化，是不是千差萬別太不可同日而語？

也許，這個過去曾讓人哀嘆的苦難中國，際此已然富強的今天，是否也到了該讓基督福音淨化人心挽救人心的時候了？（二〇〇九年五月）

8.「清算胡適思想」所帶來的無窮遺害

繼去年底中國一些大學禁止學生過聖誕節之後，最近，教育部長袁貴仁一番有關「絕不能讓傳播西方價值觀念的教材進入課堂」的言論，再度引起國際媒體關注。

對此，德國《南德意志報》發表評論一針見血指出，「中共批評西方價值觀，自己卻提不出更好的價值觀取代；導致中國政權一直到現在，還欠缺團結國家的意識形態，與人民共同遵循的價值體系。」

這件事讓我陡然想起，在中國大陸所謂改革開放三十多年後的今天，爲什麼絕大多數中國知識份子，迄今還如此欠缺起碼的基本民主素養？

也許，這得話說從頭。

眾所皆知，民主是西方文明的成果，從來不是我東亞文明的成分。尤其是，自秦始皇高壓暴力大一統定於一以後，所謂的「中國人」，連最起碼的人性尊嚴都蕩然無存。兩千多年下來，代代而伐之，形成了一種魯迅所說「以當奴才爲樂」的民族性。

然而在另一方面，自秦始皇高壓暴力大一統定於一以後，歷代帝王所強制洗腦灌輸的「普天之下莫非王土，率土之濱莫非王臣」的意淫式自大，又使中國人在極度自卑之餘，產生了一種極度自大的矛盾式情意結，進一步摧毀中國人的理性與良知。

也因此，自十九世紀西風東漸以來，在面對西方列強叩關時，日本知識份子的因應之道是：俯首認輸，面對事實，莊敬自強，急起直追。但中國知識份子的回應卻是：鼻孔朝天，背對事實，死不認輸，冥頑到底。

但無論如何，自一八四〇年第一次鴉片戰爭起，隨著時間推移，屈辱的累積，在度過了將近八十個年頭後的一九一九年五月四日，也終於換來五四運動的覺醒。而五四運動的最主要代表人物胡適所提倡，從西方引進的自由民主法治人權等觀念，遂成爲中國知識份子致力現代化的主要精神內涵。(註)

換句話說，中國文化自秦始皇大一統定於一以後儘管變得再怎麼惡劣，再怎麼腐朽，再怎麼倒退，再怎麼惡性循環，但五四運動所標舉的自由民主法治人權等理念，也仍然或多或少終於在中國知識份子間生了點根，發了點芽。

然而不幸的是，這微弱的自由民主思想幼苗，卻在毛澤東掩有大陸後，再度受到摧殘，而且是史無前例斬草除根式的摧殘！

事實上，毛澤東上台後急急惶惶迫不及待推動的第一批政治運動，就包括了所謂「清算胡適思想」，處心積慮務求把五四以後在中國隱然逐漸生根的自由民主思想幼苗，連根拔除。

反過來，這也說明了，同樣專制獨裁的蔣介石父子所霸占的台灣，爲什麼後來還能夠成功地民主轉型，中國大陸卻不可能的緣故。

別的不說，在兩蔣父子極權統治時代，台灣還能夠有胡適，雷震，殷海光，柏楊等獨立知識份子對廣大民眾發揮影響，給自由民主法治人權的思想留下一息命脈。但在毛澤東治下的中國，可能嗎？

註：就像毛共自誇主導對日抗戰一樣。對五四運動，在毛共歪曲捏造的歷史裡，也成了其主導的成就。殷海光說：「對中共那些偽造歷史、篡改歷史的作法，一輩子重視『有一分證據說一分話』的胡適深惡痛絕。一九六〇年五月三日五四紀念日前夕，胡適接受記者採訪，對記者其中一個問題『五四運動是共產黨策動的嗎？』，胡適指出：『共產黨的成立是在五四運動之後兩年的事，現在他們說是共產黨的策動，完全是瞎說，不值得一駁。』」然而，現今的中國知識份子，有幾人不受毛共篡改歷史的洗腦？有幾人知道這歷史真相？甚至是，有幾人在乎這歷史真相？他們可能連胡適是誰都沒聽說過呢！

此外，這同樣也說明了，西方世界原來所冀望中國富裕後中產階層興起會帶來民主化，終於落空的根本原因。

道理其實再簡單不過。在原本就澆薄的土壤裡，好不容易才生了點根發了點芽的自由民主思想，又被毛澤東一上台就發動的「清算胡適思想」，再次徹底剷除扼殺了啊！

如今，除了絕少例外，你問問中國的知識份子，有哪個人知道什麼是胡適思想？有哪個人會對西藏僧侶絕望地接連自焚仗義執言？有哪個人會對毛共（毛澤東式共產黨）在南海東海的霸道行徑自我反省？有哪個人會對新疆問題平心靜氣說幾句眞話？有哪個人會對香港人爭取特首普選聲援支持？有哪個人不一聽到台灣是個獨立國家就立刻抓狂中邪？

其實，以胡適所處的年代，胡適思想還遠沒有走到中國人本身是否應該民族自決、分建多個國家的地步。但是無論如何，胡適思想所標舉的理性、人本、和實事求是，卻的的確確與自由民主法治人權此一普世價值完全接軌，水乳交融。

殷海光曾經說，「毛澤東爲什麼如此懼怕胡適的思想，根子就在於胡適所提倡的獨立思考、獨立判斷，重懷疑，重實證，與毛的愚民政策發生了不可調和的衝突。毛企圖以無所不在的思想灌輸、強行洗腦等，使普天之下莫不膜拜、盲從，最後將天下變成他一個人的囊中之物。在這個意義上，他才要對離開大陸的胡適進行缺席批判，當作一個靶子來打。」

胡適自己也表示，「共產黨以三百萬言的著作，印了十幾萬冊書籍來清算胡適思想，來搜尋『胡適的影子』，來消滅『胡適的幽靈』。共產黨越清算我的思想，越證明這種思想在廣大中國人民心裡，發生了作用。中國人民一日未喪失民主自由的信念和懷疑求證的精神，毛澤東、劉少奇和周恩來便一日不能安枕。郭沫若等一幫文化奴才便要繼續清算我的思想。」

胡適更感嘆，大陸不僅沒有說話的自由，特別可怕的是，失去了不說話的自由。「中國知識份子不能不說許多並非出自本心的話，頌揚不值得頌揚的事，或譴責他們不願譴責的師友。總而言之，沒有不說話的自由，就逼使許多中國知識份子講政治性的謊言。」

今昔對照，儘管中國的經濟已然發達，但不容否認，絕大多數中國的知識份子，哪怕是出國留洋的知識份子，也仍然對自由民主法治人權這些道理茫然無知，與胡適、殷海光當年所形容的，本質上又有什麼兩樣呢？

一個受暴政壓榨迫害的民族，會令人同情，義憤。但身爲一個民族中堅的知識份子，如果也心甘情願以當奴才爲榮爲樂，那就不知何以名之了。（二〇一五年二月）

9. 我們的憲改不應再是發明創作

自從九合一地方選舉，國民黨大敗，在野勢力大勝後，有關憲改的呼聲又再度在台灣響起。

老實說，這對一改再改三改五改的所謂「中華民國憲法」，實在有點讓人難堪。因爲，這部不倫不類的「五權憲法」，或者說「中華民國憲法」，爲什麼一改再改卻總是改不好呢？

眾所皆知，所謂憲法，又稱一個國家的根本大法，是一個國家安邦立國的基本綱領。然而，放眼全世界，莫說美國的憲法已兩百五十年仍在良好運轉；其他先進者如英法德等國（註：英國憲法雖屬不成文憲法，但近代民主史上最早的文件「大憲章」，仍然在英國發揮無與倫比的作用），發展中國家如印度、泰國、巴西等，甚至包括二次大戰戰敗後由美國主導修訂的日本憲法，可有哪一個國家的憲法像我們這樣，需要如此頻繁地修改？

問題就出在，我們這部所謂「中華民國憲法」或「五權憲法」，從根本一開始就出了問題。

由於憲政、憲法這些玩意兒畢竟是西方文明的產物，是舶來品，這裡，我們就不能不回顧一下近代以來有關中國的改革，爲什麼總是失敗？爲什麼總是事倍功半？

屈指算來，近代中國的改革者，從魏源的「師夷長技以制夷」，到張之洞的「中學爲體，西學爲用」，到孫中山的「五權分立」，到毛澤東的「社會主義中國化」等等，都有一個共同特色，那就是：總是誇口要把西方文化中「好的」部份引進，和中國文化傳統中「好的」部份結合。說穿了，就是死不認輸，怎麼也不肯承認中國文化傳統自秦始皇大一統以後幾乎一無是處，怎麼也不肯承認自秦始皇大一統以後的中國文化傳統幾乎盡是糟粕！

此所以從曾國藩、李鴻章、張之洞等人以降，到後來的孫中山、毛澤東，一直到鄧小平，乃至目前海峽兩岸的領導人等等，儘管總是要「結合」中西方的優點，卻總是結合不起來的緣故。

因爲，自秦始皇大一統以後早就已經陷入惡性循環的中國文化傳統，所剩者幾乎全是缺點，幾乎全是和近代西方自由民主法治人權格格不入勢不兩立的缺點，就像油跟水一樣，怎麼可能結合得起來？

而這也就是孫中山自詡爲獨創的「五權分立」政治制度，不但對世界各國產生不了一絲一毫影響；在中國境內，在台灣境內，爲什麼也搞得一塌糊塗的主要原因。

道理再簡單不過，在西方文化傳統下孕育出的三權分立，在西方民主政治已經實驗兩三百年且證明行之有效的三權分立，怎麼可能會不如我們的五權分立？

反過來，孫中山一廂情願胡亂發明硬添加成的所謂五權分立，又憑什麼會比西方幾千年民主傳統孕育出的三權分立來得好？

至於披馬列外衣，行秦始皇之實的毛澤東式政權，其所謂的民主集中制憲法，當然更不值一提。

民主制度的精髓——分權與制衡

至於總統制好還是內閣制好？最近似乎也吵得火熱。尤其是，我同胞慣於將制度設計和個人眼皮底下的私人利害糾扯在一起，因此，討論起這類大是大非的簡單問題，也會莫名其妙地變得格外敏感，更加困難。

其實，環顧目前世界上的先進民主國家，也只有美國和法國採用總統制，其他不論君主立憲也好，民主立憲也罷，無不採用虛位元首的內閣制。這說明了美國式的總統制固然優越，但卻是由美國所獨具的特定歷史條件形成的——美國當初是歐洲移民新開發的處女地，是歐洲文藝復興後民主新思潮的實驗場，基本上沒有太大歷史包袱。

反過來，其他歷史包袱沉重的國家，不論君主立憲也好，民主立憲也好，顯然還是以內閣制爲宜。這也就是爲什麼不具備美國這種特定歷史條件的法國，雖然同樣採用總統制，但政局卻遠不如美國安定的緣故。

因爲，在歷史包袱重的國家，過去舊的政治勢力即便是通過殘酷的流血革命，也不可能完全剷除淨盡。退一步說，就算剷除淨盡，新的政治獨占勢力也會很快形成。像中共革命成功後所產生的紅色新貴，就是最好寫照。

當然了，如果徹底落實三權分立，立法權和司法權應該可以有效牽制總統的行政權。但是，第一，在民主變革的過程中，徹底落實三權分立並非那麼容易做到；第二，即便做到，行政權這玩意兒也實在不是那麼容易駕馭。

所以，如果能再把行政權劃分成虛位的元首和掌理實際的內閣總理，多多少少還是可以對政治的穩定和制衡，再起一些作用。

就像現代企業的經營權和所有權劃分，基本上也出於同一原理。事實證明，這種做法難道不是對公司企業最好、最有效、最長治久安的辦法嗎？

衆史家在研究日本轉變成近代民主政治過程上爲什麼如此順利時，一致公認，日本天皇不過問實際政務的歷史傳統，接近西方民主體制裡虛位元首的作用，是日本君主立憲得以順利成功的最主要原因。甚至連泰國也有類似現象。這些活生生例子，我們爲什麼一定要避而不見呢？

事實上，政治制度、政治模式這些因素錯綜複雜的有機體，不求改進則已，如果眞心謀求改進，就一定不能不仿照別人早已行之有效的作法，亦步亦趨，有樣學樣，才可能生根發芽，成長茁壯。

否則的話，動輒自以爲是一廂情願地去胡亂發明，胡亂地添油加醋，近代以來的中國歷史早已證明，那只會畫虎不成反類犬，永遠在白忙中打轉，原地踏步，甚至更糟。

然而，這對還無法認清中國文化傳統自秦始皇大一統以後幾乎一無是處的我同胞來說，辦得到嗎？（二〇一四年十二月）

10. 中國人民也需自救——《台灣人民自救宣言》五十周年有感

彭明敏教授於一九六四年九月二十日和兩位學生謝聰敏、魏廷朝發表的《台灣人民自救宣言》，轉眼至今五十年。

在這悠悠的五十年歲月裡，不論是彭明敏個人或兩位學生乃至整個台灣社會，直接間接因此一宣言所起的變化，可謂至深且巨，識之者無不有目共睹。

尤其在公元兩千年以後，台灣社會的自由和民主化程度，曾經被列爲亞洲最先進之一。加以經濟發展，物質進步，使得多少海內外華人無不齊聲讚歎「台灣好！」。

然而曾幾何時，這個曾經廣受海內外所有華人欣羨的台灣，近幾年卻似乎變得有點走樣。尤其今年以來陸續發生的太陽花抗議事件，核四公投事件，高雄氣爆事件，餿水油事件等等，更加重了各方對台灣的疑慮。

這疑慮的最終答案其實再簡單不過——原因就出在，台灣從根本上一直妾身未明，一直在法理上還不是一個名正言順的國家。

也因此，不論是民主建設還是經濟建設，似乎總少了點堅實的社會基礎和有利的國際環境。尤其遇到崛起的中國以冥頑不化的大一統思維心態無所不用其極地打壓分化滲透，更使情況益形複雜惡化。

換句話說，彭明敏教授五十年前所揭櫫的「台灣人民自救宣言」，對如今的台灣人民而言，不但依然有效，而且歷久彌新，意義變得更深更廣，更加值得所有衷心希望做個有尊嚴的自由台灣人深刻反省、惕勵、再出發。

事實上，筆者深信，「台灣人民自救宣言」的目標對象雖指居住在台灣這塊土地上的所有人，但是，彭明敏當初之所以會發出這樣的怒吼，卻完全植基於對自由民主法治人權這一普世價值的服膺與尊崇。

猶記得筆者初識彭教授於其流亡海外之時，彭教授雖明知筆者非狹義的台獨主義者，當年拙作《亂——惡性循環的中國文化》一書，對象也是所有華人，但卻大加讚賞，並爲之作序推薦。如今想來，彭教授的目光之遠大，格局之恢廓，實非尋常，令人感佩。

值此紀念慶祝「台灣人民自救宣言」發表五十周年之際，筆者最大的感觸是：什麼時候這宣言裡所揭櫫的理想能夠在台灣完全實現？

另方面，以中國目前一黨專政的高壓現況，中國人民是不是也需要自救？更需要自救？

什麼時候中國的知識份子也能夠跳出秦始皇所設定的大一統思維框架，發出像「台灣人民自救宣言」一樣的宣言，讓自由民主法治人權也能夠在中國生根發芽？（二〇一四年九月）

11. 舉頭三尺無神明？

近些年中國大陸不時傳出令不少海外華人與有榮焉的好消息，像經濟蓬勃發展啦，基礎建設一日千里啦，載人太空船成功發射啦，乃至風光舉辦奧運啦，等等。

然而與此同時，就在這些風光成就的前後左右，卻又不時傳出令這些海外華人臉面無光，深感難為情的糗事。

像去年出口巴拿馬的牙膏毒死人啦；像出口美國的狗食把狗毒死啦；像兒童玩具有毒含鉛啦；像奧運開幕式小女孩用替身獻唱啦；乃至最近爆發的有毒嬰兒奶粉、有毒巧克力、有毒餅乾、有毒雞蛋等等，不一而足。

在這些林林總總的糗事當中，格外叫人忍無可忍，讓人髮指，最不可饒恕的，大概就屬這鋪天蓋地，防不勝防的有毒食品，尤其是，有毒嬰兒奶粉！

因為，像含毒牙膏毒死人，但只要使用者小心使用，仍有不被毒死的可能；像含毒狗食毒死狗，但狗命畢竟不如人命；像兒童玩具有毒含鉛，但鉛毒的影響畢竟不那麼直接；像奧運開幕式小女孩用替身獻唱，也可解釋成鬧劇一樁。

獨獨這種在日常食品裡攙假，尤其是在對象最為脆弱的民族幼苗食用的嬰兒奶粉裡攙假，而且用有毒化學物質來攙假，這種毫不在乎自己和子孫可能同樣受害的心態與作為，則實在叫人「是可忍，孰不可忍」了！

回顧過去三十年來，從鄧小平解禁，到蘇聯瓦解，整個共產主義破產，沒想到中國十三億人一門心思居然會立刻轉移到金錢之上。錢，成了全體中國人唯一的標準與價值。

也許，這種對金錢如此狂熱的追求，可能是同為共產主義解禁後的共產國家，為什麼中國的經濟發展會遠快於東歐蘇聯的道理。但同樣地，這也可解釋為什麼獨獨中國會甚至在人命攸關的食品裡也照樣攙虛做假的道理。令那些還多少篤信基督的東歐蘇聯瞠目結舌！令全世界嘆為觀止！

其實，中國自古雖沒有眞正的宗教信仰，但民間的習俗迷信也好，孔孟的道德教誨也罷，乃至佛家的輪迴報應，宋儒的愼獨修身，無不讓我們每個人內心多少還有點規範，多少還得顧忌點「頭上三尺有神明」。有些事，尤其是這種可能殃及自身禍及子孫的報應之事，即使強梁惡霸也不大敢做，何況一般人。

如今，中國大陸的普遍人心竟演變到這種舉頭三尺無神明的地步，除了用毛澤東自鳴得意的「和尚打傘——無法無天」來形容，還能有什麼更好解釋？

痛心疾首之餘，站在基督宗教立場，寄語毛共高層，既然共產主義理想已然破滅，古老的孔孟倫理又復不合時宜，那麼，口口聲聲所希望建立的和諧社會，如果不靠基督福音來協助，難道要靠更多的金錢，更多的GDP嗎？（二〇〇八年十一月）

12. 近朱者赤，近墨者黑

近日國內的食油問題及食品安全問題，鬧得人心惶惶，人人自危。讓台灣長久以來美食天堂的美譽，蒙上一層丟人現眼的陰影。

事實上，自一九八〇年代末解嚴以來，台灣在經濟上開始起飛，躍居亞洲四小龍之一，國民所得節節上升，甚至一度「台灣錢淹腳目」；在政治上，不但逐步廢除了代表所謂「中國法統」的萬年國代立委，完成了總統直接民選，甚至做到了民主政治裡最主要的要素之一——政黨輪替。

然而，曾幾何時，當這些往事猶依稀在目之際，爲什麼近年卻逐漸出現敗象，不但政治上的紊亂越來越嚴重，經濟上受制於中國的程度也越來越深，與曾經平起平坐的韓國，新加坡越行越遠呢？

答案其實很簡單，當年所謂的「大膽西進」政策，顯然出了問題。

就在這兩天，紐約時報刊登了一篇報導，講述越來越多的西方大企業將原來設在上海或北京的亞洲總部，遷往新加坡。主要原因是，沒有本國員工願意忍受那裡的空氣污染，設在中國的研發中心所做出的成果，也完全得不到保障。

換句話說，如今連西方大廠也開始警覺中國終究不是一個講誠信的生意夥伴，靜悄悄地開始疏遠，而我們卻還在一廂情願地熱烈擁抱，認定中國是希望所繫唯一的市場，亟欲簽定所謂的「服貿協議」、「貨貿協議」，這不是閉著眼睛往火坑裡跳是什麼？

語云：「近朱者赤，近墨者黑。」台灣如今與政治上如此專制，經濟上如此投機，食品安全上如此黑心的中國走得這麼近，綁得這麼緊，要想不受其負面影響，要想再繼續保有美食王國的美名，豈可得乎？（二〇一四年九月）

13. 橋歸橋，路歸路——「這是靈魂的問題」

前總統李登輝最近接受日本媒體專訪，對有關日本首相安倍晉三參拜靖國神社一事指出，「國家的指導人去參拜為國家犧牲生命的英靈是理所當然的事」，「這並非政治問題，而是靈魂的問題」。

如果說，由於涉及過往歷史民族感情，所以日本領導人不該去參拜靖國神社。那麼，日本過去多年有多少首相就因顧及這點而不去參拜，又換來中國方面原諒過去，放眼未來，按照遊戲規則，好好相處，追求雙贏了嗎？

顯然沒有。很顯然，這種胡攪蠻纏的作法，其實已成中國人長久以來的根性。

翻開歷史，我們會發現，中國自秦始皇以後的特色就是，不是自相殘殺，生靈塗炭，民不聊生；就是一旦強大即目空一切，認定「普天之下莫非王土，率土之濱莫非王臣」，讓鄰國遭殃。

事實上，戰犯應受什麼樣的懲罰，自有國際戰犯法庭審判、定罪、執行。事情一旦了結也就了結。如果不滿，上訴國際法院可也。但祭祀亡靈卻是另外一回事。

猶太人追捕納粹戰犯，直至天涯海角，不遺餘力，絕不放縱一個。但是，猶太人也絕對不會因爲德國人紀念戰爭亡靈而血脈僨張，胡攪一氣。

然而，這種橋歸橋、路歸路的理性思維，豈是我們這沒有宗教信仰的同胞，所能理解？（二〇一四年一月）

14. 二二八的新時代意義

每年的二月二十八日，對所有台灣人而言，都可說是情緒複雜又傷痛的一天。

情緒複雜的原因是，當日本戰敗放棄對台主權時，原本有望選擇獨立的台灣人，沒有做這樣的選擇。然而沒多久就發現，歡天喜地迎來的「祖國」，卻是個比日本殖民政府更野蠻不堪的國民黨中國。

接下來的事不用說了，突如其來的貪腐橫行，自然引發出反抗，而反抗野蠻政權的結果，自然免不了導致二二八的屠殺，以及隨之而來的清鄉，濫捕，和長達三十八年的戒嚴統治。

憑情而論，對這場發生已七十一年的悲劇事件，自一九九〇年代台灣民主化以來，雖然來得太遲，而且也不徹底，但畢竟當局還是陸續爲二二八做出了平反，認錯，道歉，賠償。

因此，不少年輕一代台灣人會認爲，二二八如今已事隔久遠，何必再爲此糾纏不休？

的確如此。對於已經過去的悲劇事件，西方基督教國家的普遍態度和做法是：追究、釐清、懲處；然後寬恕、原諒、往前看、往前走，不再苦苦糾纏，以免徒然給自己形成越來越大的包袱。

像韓國對日本慰安婦問題的反覆糾纏，中國對日本南京大屠殺的糾纏甚至扭曲誇大，比起歐洲國家對過往納粹德國侵略暴行的態度，甚至比起受納粹德國迫害最深的猶太人的反應，可謂天差地遠。

換句話說，我們如今之所以還必須格外強調二二八的歷史眞相，目的並非糾纏過去；恰恰相反，而是因爲台灣目前的特殊處境，爲了防範將來再度歷史重演，重蹈覆轍！

各位試想，以目前對岸中國無所不用其極打壓台灣，打壓中華民國，最近更頻頻破壞現狀，以軍機繞台，以軍艦繞台，以武力威脅，萬一台灣眞的被中國併呑，以中國共產黨六四北京屠城的兇殘本性，誰能保證台灣人的下場，不會比當年中國國民黨所帶來的二二八事件更悲慘？

對這場已然久遠的不幸事件，說實在，我們是多麼希望學習西方人往前看的精神，選擇寬恕原諒。

但是，對台灣或中華民國虎視眈眈的中國共產黨，其思言行爲的偏狹兇狠，與造成當年二二八事件的中國國民黨，毫無二致，甚至猶有過之！爲此，我們能不心存警惕嗎？

但願所有珍愛台灣目前能夠享有自由民主人權的良心者，在面對二二八這場歷史悲劇時，都能從理性角度出發，一方面秉持寬恕的精神，不再糾纏；另方面也不忘提醒，在中國民主化以前，必須賦予二二八新的時代意義，才可能清醒明辨，不致墮入與對岸中國隔海唱和者的迷陣和蠱惑。（二〇一八年二月）

15. 皇民、漢奸與秦奴

最近的台北市長選舉，連戰、郝柏村等人因爲連勝文選情不利，情急之下眞面目露出，又開始用中國人的政治鬥爭老招——給對手扣帽子，稱柯文哲的祖父是皇民，是漢奸，而柯文哲則是皇民與漢奸的後代。

嗚呼，這又是秦始皇大一統以後所衍生出的惡毒與荒謬！

「皇民」與「皇民化」

首先，就我所知，皇民其實並非貶義。連戰、郝柏村等人其實罵錯了。

眾所皆知，日本的國教——神道教有其獨特性。按照日本古史傳說，日本列島是由天照大神所創，而天皇則是天照大神在人間的後裔。由於亦人亦神，太尊貴了，因此對人間的俗事俗物，僅只做象徵性的引領，不親自介入。

進入近代以來，日本天皇這種虛位傳統，無疑間接促成了明治維新君主立憲的順利轉型，僅象徵性地成爲國家象徵。日本人自然而然成爲屬於天皇的子民，也就是所謂的皇民。

而在其民族國家發展的過程中，新納入領域的人民，在經過一段時間消化吸收，也就是皇民化的過程後，都成爲日本人。最晚近的例子，就是琉球人的皇民化。現在，你問問絕大多數琉球人，有哪個不以身爲日本人爲榮呢？

另方面，由於日本天皇歷來只扮演宗教性象徵性的角色，不但不管世俗政務，而且按照日本神道簡單樸實精潔純一的教義，天皇本身自然也得保持潔身自愛自重自持的品德與形象，其作風與西方晚近君主立憲後的王室接近，與中國自秦始皇以後作威作福後宮三千的歷代帝王，則有天壤之別。也因此，絕大多數日本人民自內心深處對天皇普遍懷有絕對尊敬的好感。

至於台灣，在一八九五年被滿清割讓給日本後，初期的確受到日本殖民統治的高壓；台灣人與日本人之間，是被殖民者與殖民者的關係，並不平等。

但後來由於治理已見成效，於是逐步開啓皇民化過程。尤其在二戰末期，日本政府更由天皇頒布詔書，允許台灣人民參與帝國議會的參政權，算是廢除了台灣被殖民的地位，將台灣看作日本本土之一。

換句話說，日本皇民不但不是齷齪可鄙的名稱，反倒是在世界各地都可以抬頭挺胸的大和民族的另一種稱謂。

最簡單的例子，琉球於一八七九年被正式併入日本後，至今絕大多數琉球人都以身爲日本人爲榮。二次大戰後琉球受美國託管，琉球人還一而再再而三地抗議示威，要求回歸日本。而美國也終於在一九七二年在當地民眾壓力下，將琉球群島交還日本。

由此觀之，台灣人當年的皇民化，又有什麼可非議的呢？

再說，在如今民智已開凡事多元選擇的時代，比起不講誠信禮儀、山寨橫行、假冒橫行、貪污橫行、地溝油橫行、有毒食品橫行、有毒嬰兒奶粉橫行的中國，台灣人再回過頭來看看日治時期那一段歷史，怎會不讓台灣人懷舊？

因此，連戰、郝柏村等人自以爲得意地用皇民一詞罵人，其實是罵錯了，錯罵了，是無知者對名詞的誤用！

「定於一」與「漢奸」

至於國人動不動血脈僨張的「漢奸論」，也是中國人迄今不可能走向民主的最主要障礙之一。

事實上，漢奸這種萬惡的概念，也是從秦始皇大一統之後才產生的。在秦始皇大一統前，哪來的「漢」啊！

由於秦始皇式的大一統，要求絕對定於一尊。於是將原有所謂「華夷之辨」的先秦儒家政治理論之一，落實成爲統治者箝制思想的利器。爾後更進一步，才有所謂漢奸這種排除異己的鐵帽子發明——只要是政治異己，鮮少不以漢奸之名扣對方頭上，以便引起全民共憤，順利剷除。

之所以會有這種效果，根源就在於，自秦始皇以後經過歷代帝王的高壓洗腦，使我們這使用類似方塊字，說類似一種語言的種族，絕對不可以另組國家，變成了一項鐵律。彼此儘管殘酷殺戮永無止境，但寧可血流成河地改朝換代，也必須綁在一起。誰若不想參與這種血腥遊戲，想脫離出去，就成了大逆不道的「漢奸」。

這，又得牽扯到中國人歷來沒有宗教信仰，尤其沒有上帝信仰這回事了。

由於一般中國人心目中沒有上帝，自秦始皇大一統以後，六國滅亡，再也沒有其他制衡力量，於是，皇帝就成了上帝，權力自然籠罩一切，即便是一個人內在的心靈，也無法逃脫。

信仰上帝的西方民族就不同了。由於人們心目中眞正的最高主宰是上帝，因此，國王也好，皇帝也好，總統也好，主席也罷，權力比起上帝，其實還是有限。自然比較可能做得到合則留，不合則去。

此所以，同樣講英語的民族，同樣講西班牙語的民族，同樣講阿拉伯語的民族，同樣講法語的民族等等，可以組成那麼多不同的國家。而我們呢？前蘇聯可以順利解體，和平共存，而我們呢？

再說，由於漢奸觀念的延伸，中國人黨同伐異的手段也極其殘忍惡毒，遠非西方所能想像。

像二次大戰時的法國總統貝當，因爲頂不住德國攻勢，爲了不讓巴黎被毀，不讓法國民眾受更多的苦，不得已向納粹德國投降，將首都從巴黎遷往維琪（史稱維琪政府），成爲納粹德國的傀儡。然而，貝當將軍在納粹垮台後，雖然受到懲處，但可並沒有被冠以「法奸」之名，以「民族大義」爲由，抄家滅族，像我們的汪精衛那樣，汪精衛其時已死，但是連墳墓都被炸毀。

此外，像美國南北戰爭時出身西點的南軍統帥李將軍，在內戰結束後，也沒有被冠以「美奸」之名，以「民族大義」爲由，秋後算帳，反而是讓其安養天年以終。

事實上，所有民族的人情義理，都是不喜歡遭到背叛，都痛恨背叛的，這是人性。但與此同時，有宗教信仰，尤其是猶太教基督教信仰的人，同時也深知「人皆罪人」的道理，因此事後往往選擇原諒，成爲做人最起碼的同理心與品德。

不像我們，政爭一起，就鮮少能夠妥協，不將對方滅三族，滅九族，甚至滅十族，誓不罷休。試想，在這種心理和氛圍下，怎麼可能建立起需要講求妥協的民主政治？

也因此，所謂「漢奸」一詞，直至二十一世紀凡事多元包容的今天，仍能夠成爲中國式政客口中念念有詞自以爲依然有效的緊箍咒。

秦始皇的心奴——秦奴

我在〈爲什麼要以秦始皇作爲分界點〉一文裡曾經表示，作爲東亞古文明源頭的黃河文明，當然有許多傲世的文化成就。然而，這些成就，包括我們所使用的言簡意賅的優美成語，幾乎都產生在秦始皇大一統以前。

自秦始皇大一統以後，由於秦始皇及其繼任者對有形無形乃至個人內在思想的高壓箝制，曾經優美的文明就變得每況愈下，以迄於今。

如今回頭細算，自秦始皇大一統以後，我們的祖先包括我們在內，對世界文明可有任何貢獻？說來慚愧，在這兩千兩百多年的漫長時間裡，幾乎是一片空白！

換句話說，海峽兩岸，尤其是中國大陸，若想建設一個自由民主法治人權的現代化國家，若想提升中國人有形無形的品質，對世界文明做出貢獻，首先就必須掙脫從秦始皇以降歷代帝王給我們所施加的心理枷鎖，做一個眞正的自由人。

否則的話，我們哪有資格被稱爲文明人呢？

清朝以來的辮髮，宋朝以來的裹小腳，如今似乎已經遠去。但實際上，如果我們不敢跳出秦始皇給我們所設定的心靈框架，或者說，我們根本還不知道內心深處存在著秦始皇所給我們設定的心靈框架，還整天在「普天之下莫非王土，率土之濱莫非王臣」的大一統，定於一，漢奸，漢賊不兩立，民族大義之類的框框裡打轉，那只能說，我們還不是正常人，內心深處還是秦始皇的奴隸，只配被稱之爲秦奴罷了。（二〇一四年十一月）

16. 馬英九與蔣介石——錯誤的「歷史定位」

對馬英九總統上台後這六年來一路暢行無阻的親中政策，台灣民眾最近似乎赫然覺醒，因此不但爆發了太陽花學運，而且發現，馬英九之所以急於打破維持現狀的原有共識，以近乎一廂情願的作法，一面倒地向中國傾斜，原來是他心中有個所謂「歷史定位」在作祟。

其實，身爲國家最高領導人，如果心中念茲在茲其歷史定位，其實是非常難得的好事，絕對比不在乎歷史定位的庸碌，更高瞻遠矚。

然而，如今的問題出在，如果這歷史定位的方向定錯了，那結果可是適得其反！

回顧歷史，我們會發現，當年蔣介石既然統治不了大陸，退守台灣，這可是上天賜予千載難逢創建其歷史定位的機會。以當時的國際環境，讓蔣介石大可以像越南的趙佗，朝鮮的箕子，甚至美國的華盛頓一樣，開創一個屬於自己創建的國家。

然而，蔣介石卻在所謂「民族大義」的大一統觀念作祟下，堅決放棄這樣的機會。

事實證明，莫說將來若中國併吞台灣，蔣介石的歷史定位將一文不值；甚至就算眼下目前，蔣介石堅持「一個中國」的苦心孤詣，也沒有爲他換來中國當局同意其歸葬奉化老家的遺願啊。

同樣，馬英九如今所念茲在茲的歷史定位，由於出發點的方向就錯了，等將來如果眞如所願，兩岸「終極統一」，馬英九在失掉自主江山的本體後，翻翻歷史，就算在中國史書上，其所謂的歷史定位又將値個屁呢？（二〇一四年五月）

17.「三不政策」與「九二共識」

今年（二〇一五年）元旦，在華府雙橡園發生的升旗事件，不但令堅持所謂「中華民國」的馬政府臉上無光，連帶也使台灣人民受到羞辱，更再度凸顯所謂「九二共識、一中各表」的無稽與荒謬，是只有傳統秦奴式思維才會做出的幼稚舉動。

道理很簡單，按照馬政府一廂情願所堅持的「九二共識、一中各表」邏輯，那麼，就會很自然地認定，只要堅守中華民國這塊招牌，就可以和對岸中國各說各話，友好往來，平起平坐。

然而，天底下有這等便宜的事嗎？

再說，別忘了，馬政府這種各說各話的對象，可是一個兩千多年來，以「普天之下莫非王土，率土之濱莫非王臣」爲中心思想，除非內亂只知外侵呑併的秦始皇式野蠻政權，怎會容得了你各說各話？

此所以，兩蔣在退守台灣之後，雖然冥頑不化地死守「中華民國」這塊招牌，拒絕在當時有利的國際大環境下宣布獨立，給台灣迄今造成無止境的遺害。但是，兩蔣畢竟也曾經在大陸和毛共（毛澤東式共產黨）交手幾十年，深知毛共的狠毒與無所不用其極。因此，兩蔣在堅持「中華民國」的同時，另方面也堅持「三不政策」——不接觸，不談判，不妥協。

因爲，刻骨銘心的經驗告訴兩蔣，與毛共打交道、簽協議，是沒有任何誠信可言的。尤其在退守台灣後，面對彼大我小，差異如此懸殊的情勢，若要生存，除了三不，還有任何靈丹妙藥嗎？

當然了，如今國際大環境丕變，全面或徹底的三不已不可能。但是，天真的以爲只要高喊「九二共識，一中各表」，就可放心大膽地和毛共打交道，那可是太自信滿滿，太不知天高地厚，太枉費其祖師爺兩蔣的諄諄教誨了。

往者已矣，爲今之計，奉勸馬政府，收斂起自欺欺人根本不可能行得通的「九二共識，一中各表」，低首面對過去六年半來已經對台灣主權（或「中華民國」主權）造成的傷害，及時加強補救。或許，未爲晚也。（二〇一五年一月）

18. 不橫挑強鄰，也不應妄自菲薄——「馬習會」有感

事前令人驚訝，事後讓人傻眼的「馬習會」，終於落幕。

從媒體陸續披露的過程來看，馬英九這次表現，不管是因爲臨時被召事起倉促，所以準備不足；還是因爲骨子裡的大一統情結作祟；總之，在面對習近平時馬英九所顯露出的那幅孺慕之情，不僅讓人作嘔，更大大有損他所應該代表的「中華民國」的國格和顏面。

接下來的問題是：首先，馬英九在面對習近平時，爲什麼會如此自動自發矮半截到自我作賤的地步？此一心態，值得國人共同省思。

其次，在馬英九把台灣賣到如此地步，把現狀搞得如此不堪之後，很可能當選下任總統的蔡英文，該如何面對？尤其是，該如何面對中國？

這裡，也許得先從台灣人對中國的心態談起。

記得柏楊生前在精研中國歷史後，得出一項結論，就是，小國千萬不要橫挑強鄰。

證諸歷史，這確是事實。道理再簡單不過，小國橫挑強鄰，豈不自討苦吃，自找麻煩？然而事實上，除非夜郎自大，也很少小國會這麼愚蠢，這麼幹的。

但即便如此，柏楊此說也並非鐵律。因爲，由於文明程度的不同，小國的生存之道，也因時因地因人而有異。

以歐美國家爲例，位在強國周邊的小國，之所以仍能獨立自主安居樂業，就顯示了歐美這些強國不爲己甚，講求均勢，多少還有點包容尊重之心。此外，這些小國本身的自重自愛，莊敬自強，更是主因。其中最顯著的例子，就是眾所皆知的瑞士。

和瑞士相比，老實說，台灣具有比瑞士好上百倍的天然屏障——一條一百四十公里寬的台灣海峽作爲保護傘。

換句話說，國土與強權相連的瑞士可以昂首獨立，不受強權要脅；擁有海峽天然屏障的台灣，卻爲什麼要對中國卑躬屈膝到國幾不國的地步？

再者，爲什麼寬僅三十四公里的英吉利海峽可以讓英國高枕無憂？爲什麼寬僅六十七公里的保克海峽可以讓斯里蘭卡不受印度威脅？爲什麼甚至連寬僅二點八公里的麻六甲海峽，可以有效分隔馬來西亞和印尼、分隔新加坡與印尼？爲什麼堂堂寬一百四十公里的台灣海峽卻要一天到晚受毛共（毛澤東式共產黨）中國喊打喊殺威脅進犯？

其實，毛共中國自己很清楚，若想用武力征服台灣，首先就得順利跨越黑潮湍流的台灣海峽。然而，這點它做得到嗎？

海空戰不是陸地戰

翻看歷史，我們會清楚發現，甚至連橫掃歐亞大陸所向披靡的強大蒙古帝國，先後兩次，以數千艘戰艦，從朝鮮半島跨越六十四公里寬的對馬海峽，對日本發動攻擊，最後皆因不適水性以及沒有內應而慘敗收場。毛共中國又有什麼本事超越當年的蒙古帝國？習近平又何德何能超越當年的忽必烈大帝？

換句話說，海空戰爭不是陸地戰爭，蒙古帝國天下無敵的鐵騎也好，毛澤東那套罔顧人命以人多取勝的「人民戰爭」也好，完全無用武之地。

反過來，這種格外需要高素質兵員，格外需要精良裝備，精確補給，精良訓練，精密協調的現代化海空戰，以毛共中國貪污腐化程度的嚴重，以毛共中國工業技術還落後歐美日本一大截的現實，只要台灣站穩腳跟，強化防衛力量，內部不為毛共中國滲透潛伏分化利用，以美日澳歐強大的海空力量作爲奧援，老實說，台灣在軍事上根本無需擔憂。

至於發射飛彈打擊。首先，台灣可以佈建嚴密的反飛彈防禦網作爲反制。其次，這種公然侵略的蠻橫作法，豈會不遭致全世界譴責制裁？後續的連鎖反應，它消受得了嗎？那些將財富子女窩藏海外的貪官污吏消受得了嗎？

換句話說，台灣即使不應橫挑強鄰，但也不應自我矮化到像馬英九對習近平那樣幾近投降簡直喪權辱國的地步。

如今，令人詫異突如其來的「馬習會」總算過去，「馬習會」所製造出的莫名其妙毫無民意基礎的政治新框架，會不會因此限制了明年極有可能上台的蔡英文新政府對中國應有的分寸與態度？已成各方關注焦點。

不管怎麼說，時至二十一世紀，我台灣同胞只要能徹底揚棄被秦始皇以來歷代帝王及其奴才所強壓灌輸的「道統」、「法統」、「民族大義」、「大一統」等反智的非理性腐朽觀念，眞正做到以命運共同體爲原則，以自由民主法治人權爲宗旨，配上台灣海峽所帶來的天然保障，再加上自由世界的同情心和同理心作爲後盾，相信蔡英文及其支持者，當不會被什麼「地動山搖」的恫嚇給嚇著。

反過來，我們還企盼明年的蔡英文新政府能更進一步，站在文明人道的立場，針對毛共中國的不自由、不民主、沒法治、沒人權的野蠻現象，提出規勸，爲地球村的和平與進步，盡份心力。（二〇一五年十一月）

19. 太小看台灣，太抬舉中國，太不了解美國
——由柯文哲的「商品」論談起

台北市長柯文哲日前接受美國「彭博新聞社」採訪時表示，在美中對抗之間，「台灣不過是川普貨架上的一個商品」。事後有記者問，這種說法是否得當？柯文哲則反唇相譏：「難道你要我說台灣是最偉大的國家？」

嗚呼，難道這就是我們這位，號稱智商一百五十七，將來有可能問鼎總統寶座的台北市長的眞正想法看法？

首先，柯文哲把台灣比做川普貨架上的一個「商品」，就太看輕自己。尤其重要的是，這並非實情！

筆者曾經在〈自由世界不會放棄台灣〉一文裏強調：

「早自五百多年前海外地理大發現以來，由於地理位置的關係，台灣就一直處於西方海權國家和東亞土龍（明帝國，清帝國）之間，拉鋸爭奪的焦點。

時至二十一世紀的今天，基本形式並未改變。如果有所不同，那就是，由於台灣的自由化和民主化，已經使台灣在精神文化等價值層面，與西方自由世界更融爲一體。也因此，在面對專制極權的毛共中國處心積慮併吞台灣時，就算台灣島內第五縱隊橫行，民心鬥志有限，自由世界也不會放棄台灣！」

就在筆者撰寫本文之際，新聞報導，除了美國軍艦最近穿越台灣海峽，展示台海乃國際水域外，早在去年底，澳大利亞軍艦就已經穿越台灣海峽。凡此種種，在在印證了台灣的地理位置，在以海權爲主的自由世界眼中的重要性！

柯文哲無視於此，把台灣貶低成美中之間無足輕重的一個「商品」，若非別有用心，就是見識有限。像這樣的人，萬一將來眞的當上台灣總統，豈不是台灣的災難？

其次，柯文哲這種說法，等於把中國一國，放在和整個自由世界等量齊觀的位置，顯然也太抬舉中國了。十足暴露出他把中國奉爲「天朝」的井底蛙心態！

須知，目前光是美中貿易戰初起，就已經讓中國脆弱的經濟體質原形畢露。更何況，毛共中國如果眞用強的，以武力攻打台灣，豈會不遭到自由世界更激烈有效的反應？屆時，毛共中國吃得消嗎？

換句話說，柯文哲把中國抬得這麼高，抬到把中國一國和整個自由世界平起平坐的位置，完全是被中國這些年的經濟榮景所迷惑，完全看不見這榮景背後所隱藏的根本性結構問題。像這樣的見識，萬一將來眞的當上台灣總統，豈是台灣人民之福？

第三，柯文哲此說也顯現了他對美國，或者說，他對西方自由世界太不了解。

誠然，在國際關係中，沒有永久的敵人，也沒有永久的盟友。但那畢竟是萬不得已下的選擇。目前，一個連戰鬥機引擎都需要依靠從俄羅斯進口的毛共中國，其威力有強大到足以讓美國非放棄台灣不可的地步嗎？

再說，基督教文明孕育下的西方人，骨子裡重視價値理念的程度，恐怕非柯文哲等人所能想像。在台灣一方面沒有挑釁，一方面堅守自由民主人權法治的情況下，毛共中國近年恣意對台灣霸凌，已經惹人反感，更何況眞的侵略併呑？稍想即知，以美國爲首的自由世界，有可能把台灣像「商品」一樣，輕易出賣嗎？

至於柯文哲事後詭辯：「難道你要我說台灣是最偉大的國家？」

首先，身爲自由世界一份子，就像以色列、瑞士、荷蘭等幅員狹小的國家一樣，台灣並不是要跟哪個國家比誰最偉大。我們自豪的理由再簡單不過，自由民主法治人權，產業發達，民生樂利，如此而已。

事實上，一天到晚宣稱自己最偉大、最了不起的國家，不是別人，正是毛共中國。這種一天到晚追求強國的心態所獲致的結果，究竟全世界有誰（包括一心渴望移民海外的中國人本身），認爲毛共中國是最偉大的國家？

換句話說，柯文哲這句可能自以爲俏皮機智的言語，實際上恰恰暴露出他的無知與膚淺！

猶記柯文哲在頭一次競選台北市長時，筆者還曾經爲文，支持他抗衡紈絝子弟出身的連勝文。

但是，這四年來，有關中國泯滅人性活摘人體器官販售的反人道罪行，已經廣爲人知，然而，參與傳授中國醫生葉克膜器官移植技術的柯文哲，卻不敢公開說一句譴責的良心話。就憑這一點，原來給人仁心仁術的良醫形象，相信已經在大多數曾經的支持者心中，徹底破產。

也許，自稱智商一百五十七的柯文哲，做個小局面的經理人不是問題。擔任台灣首都台北市長也見仁見智。但若要一路開綠燈讓他進一步競逐總統大位？善良的台灣選民，千萬得三思復三思啊！（二〇一八年九月）

20.「大膽西進」的悲哀——由中國九三大閱兵談起

以習近平為首的毛周（毛澤東+周恩來）傳人，九月三日以「紀念抗日戰爭勝利七十週年」為名，在天安門廣場舉行盛大閱兵。從電視畫面上看，軍容是很壯盛。

然而，讓人納悶的是，際此中國毫無遭受侵略威脅，毫無需要準備戰爭的情況下，大舉閱兵，豈不和冷戰後的世界和平大環境太不搭調？能不讓人感覺奇怪？

其次，那些看似現代化的先進武器，也讓人忍不住懷疑，以這樣一個無官不貪、知識份子全力外逃的國度，操作這些現代化先進武器的官兵，究竟有多少訓練？一旦戰起，難道眞能派上用場？如果華而不實，難道不像是清末北洋艦隊的翻版？

更讓人感覺刺眼的是，在一個沒有自由民主法治人權的國家裡，把一兩萬直挺挺的兵卒擠到一起踢正步，其情其景，怎能不讓人聯想到秦始皇墳墓裡的兵馬俑？

過去這十幾二十年來，由於中國經濟高速發展，GDP總量幾年前甚至成為世界第二。於是乎，台灣一些短視政客紛紛高喊「大膽西進」「去賺中國人的錢」，洋洋得意的中國知識份子更是信心滿滿地聲言「二十一世紀是中國世紀」。

受這些口號影響最深的，毫無疑問，首推台灣。尤其在馬英九國民黨主政這七年多來，台灣經貿因「大膽西進」而倚賴中國情況之嚴重，連前美國國務卿希拉蕊都看不下去，不得不提出嚴肅警告。

如今，中國經濟的衰象霎時展現出來，不知當年那些倡導「大膽西進」，鼓勵「去賺中國錢」的人物，作何感想？

事實上，不需要什麼高深理論，僅憑常識與邏輯，即可推斷，除非中國做出徹底革新，成爲一個名符其實的現代國家，否則的話，中國經濟發展的頂峰顯然已過，接下來無可避免的將是一路下滑。

道理很簡單，我曾在〈難道美國不容挑戰？〉一文裡解釋：

「許多被毛澤東及其陰魂洗腦的中國人認爲，中國如今外匯存底高居世界第一，身爲『世界工廠』，人口又多，土地又大，怎說沒有實力？

這，正是犯了自我感覺良好的自大狂毛病。

事實上，就拿現代化國家的實力指標——工業程度來說。雖說中國近年得了『世界工廠』的美名。但稍有常識者皆知，中國哪裡夠得上眞正的『世界工廠』？

最簡單的道理就是，不論輕重工業乃至新科技電子業，可有哪一項行銷全球的『Made in China』產品不是替西方大廠代工裝配？可有哪一項產品是中國自己研發設計生產製造的？幾乎是零！

試想，以這樣的工業現狀怎稱得起『世界工廠』？充其量，不過是『世界的代工裝配廠』罷了。中國過去這十幾二十年看似繁榮無比的經濟，說穿了，只是代工裝配的無根型經濟。

中國其實是靠著吃苦耐勞的人多，靠著壓榨上億農民工，用這些人的血汗，換來如今的外匯存底。就憑這點，有什麼實力挑戰美國？中國的領導層和知識份子，若稍有良心，無地自容都來不及，更有什麼好洋洋得意不可一世的？」

現在，面對中國經濟走下坡的前景，西方日本被過去幾年中國所露出的狼子野心——既不知感恩圖報反過來鴨霸惡霸的作風，驚覺警醒，戒心高築，對中國黯淡的經濟前景，不私下稱快已屬仁厚，更不可能再有什麼同情之心了。

如此，在東海釣魚台對日本擺出死纏活賴式的騷擾行爲，在南海對周邊小國擺出阿Q對小尼姑式的惡霸作法，乃至日前在北京上演的兵馬俑式大閱兵，凡此種種，試問，如果抽調了經濟繁榮的底子，還能持續多久啊？

猶記二十多年前拙著《亂——惡性循環的中國文化》一書出版前，應編輯要求爲該書撰寫的幾句廣告詞：

「讀者諸君，不管你身處何地，國籍何屬，你是否眞的相信我們有『五千年優秀傳統文化』？你是否眞的認爲『二十一世紀是中國人世紀』？如果是的話，勿讀此書，免得破壞你的好夢。如果不是的話，詳讀本書，也許可以得到一些答案，或者一些啓發。」

如今回望，似乎不幸言中。

由於自秦始皇以後兩千多年的中國歷史，從沒有出現過合法合理的民意統治，總是「槍桿子裡出政權」，總是高壓愚民統治，因此，也總是亂多治少。也因此，即使難得太平，偶有榮景出現，終歸也是曇花一現。

在過去這二十年裡，眼看中國由衰而盛、由貧窮變富裕；然而，由於本質沒改，終究擋不住即將由盛轉衰的走向，這是否再度印證了一個沒有自由民主法治人權的中國，這些年的榮景，只不過又一次中國歷史上的曇花一現罷了？

對台灣而言，讓人難過的是，一個好不容易血淚交織才換來的自由民主，卻為了有些人死抱秦始皇大一統的思想餘毒，硬要往火坑裡跳，硬要去和一個拒絕承認自由民主人權普世價值的中國綁得如此之緊，硬要去擁抱槍口對著自己的「祖國大陸」，硬要「大膽西進」，如今希望幻滅，又能怪誰？（二〇一五年九月）

21. 從民族根性看釣魚台問題

現在多數媒體尤其是華文媒體的報導，普遍將目前中日釣魚台問題的惡化，歸咎於日本當局去年將釣魚台列嶼國有化的舉動。

其實不然，早在去年之前的幾年間，就因為不斷有大陸漁船刻意挑戰釣魚台列嶼目前處於日本管轄的現狀，和日本海上保安廳巡邏艇一再發生糾纏甚至撞船等一系列事件。

因此之故，以東京都知事石原愼太郎爲首的日本右翼，認爲日本政府護土不力，倡議乾脆將釣魚台列嶼買下，自行護衛。而當時的日本首相野田佳彥爲了避免這種狀況發生，與中國滋生更多事端，於是搶先將釣魚台列嶼從私人島主手中買下——也就是所謂的「國有化」。

然而，這種原本爲了減少摩擦的作法，卻因爲「國有化」這三個字，引起民族主義作祟的中國人血脈僨張，而中共當局其時正處領導人交接的困難期，於是更順勢推舟，火上澆油，藉以轉移注意力。

爾後演變至今，中國片面宣布自行設定「東海航空識別區」，規定凡通過該區的飛行器，必須向中國當局通報，等等等等。引來以美國爲首的強烈反應。

後續事態將如何發展？各方論述已多。這裡，我只想從中國人的心理根性與這件事的關聯，略作探討。

過去的一些中國思想家，不論梁啓超、胡適、柏楊，都發現中國人有一種極度自卑兼極度自大同時並存的心理現象。

當呈現極度自卑情意結時，會恬不知恥地一股勁巴結諂媚。當呈現極度自大情意結時，又會不分青紅皀白地目空一切，自認「五千年優秀傳統文化」最了不起，唯我獨尊，漠視事實，拒絕改變。

事實上，自卑與自大，都屬情感上的極端，都不可取，都讓人不敢領教。而若同時兼具極度自卑與極度自大，那讓人不敢領教的程度，豈可言喻？

不過，話又說回來，比起單純的自大，自卑——尤其是混雜極度自大的極度自卑，問題顯然更嚴重，爲害也更大。

因爲，一個單純自大的人在踢到鐵板受到教訓後，往往還可能學乖，還可能幡然醒悟，低頭認輸或低頭認錯，痛改前非。

但一個在潛意識裡不自覺極度自卑的人，在踢到鐵板後卻很少會自我反省，相反，反而是進一步認定自己受到歧視，認定自己遭到打壓，也因此更加頑固地怨天恨地。

換句話說，一個極度自卑的人不但容易記仇記恨怨天尤人，總懷疑別人瞧不起自己，嚴重者甚至會演變到「受迫害妄想狂」的地步；另方面則不可能懂得感恩，也不知感恩爲何物，胃口難塡，遑論寬恕與自省。如果再加上沒有宗教信仰作爲無形約束，這種現象可就更加嚴重。

個人如此，想想看，國家民族難道不也一樣？

事實上，也許我們應該倒過來這樣說，一個沒有宗教信仰的人，由於一心一意只在乎現世，因此稍遇挫折或不如意，就很容易產生自卑或潛意識自卑的不平衡情緒。

易言之，一個極度自卑的人莫說不可能原諒寬恕別人與自我反省，甚至可能倒過來貪得無饜，慾望難塡。個人如此，國家民族是不是也是一樣？

眼見中國大陸這幾年崛起後，當局也好民間也罷，其嘴臉與作爲表現，益發使我有此感慨。（二〇一三年十一月）

22. 中國除非內亂，必然外侵

繼前陣子奪我「中華民國」僅有的少數邦交國之一多明尼加；阻攔我「中華民國」參加世界衛生大會；通令全球各大航空公司將台灣改稱「中國台灣」；日前，再接再厲，再奪我「中華民國」在非洲的友邦：布吉納法索。往後，還會使出什麼打壓台灣的小動作，其實並不讓人意外。

照理，這些小眉小眼的小動作，不應出自一個號稱文明古國且又是大國的國家之手。

但可悲的是，這個曾經有過輝煌古文明的支那，自秦始皇以後，形成了一種可怕的怪現象，那就是，這個所謂大一統的秦帝國（支那帝國），除非本身內亂，自顧不暇，否則的話，只要稍稍穩定，必然外侵。而外侵的對象，首當其衝，毫無疑問，自然是周邊小國。

像漢武帝，像唐太宗，可是支那歷史上千古歌頌的偉大聖君，但翻看歷史，在漢武帝和唐太宗時代，也正是支那帝國對外侵略的鼎盛時期。

舉個例子，像唐太宗三征高麗，後來連他自己都承認，完全沒有必要，完全是一己私心，完全是由於認定高麗人與我中原同文同種，怎麼可以獨立自主的觀念作祟。

換句話說，自秦始皇一統以後，儒家那套「普天之下莫非王土，率土之濱莫非王臣」，把皇帝捧爲上帝的奴才邏輯，已經被強制刻劃進支那政治的骨髓裡，牢不可破。也因此，才會發展出所謂「民族大義」、「大義滅親」這類反人性的思言行爲。

按照這種邏輯，很自然地會演化出「天無二日，地無二王」現象。一旦強盛，在位者通吃獨拿乃理所當然。最高掌權者就是上帝。不但牢控子民的食衣住行，且一如秦始皇當年豎立的榜樣，還要嚴控人民腦子裡的思想，要控制靈魂！

試問，在這種意識形態環境下，一旦有了實力，還會把誰放在眼裡？與西方大國包容周邊小國給予起碼尊重的作法，不啻天壤之別！

更別說，對自己境內號稱「新疆維吾爾自治區」的維吾爾族同胞，對自己境內號稱「西藏自治區」的藏族同胞，所採行滅絕種族信仰的慘無人道，是多麼沒有人性令人髮指了。

此所以，才不過二十年光景，就已經要和當初衣食父母的美國，不但沒有心存感恩，還反過來叫板對抗。試想，以如此的心態和作爲，對迄今仍在國名國號上自稱「中華民國」的台灣，怎會不掐得死死的？

台灣迄今在國名國號上名不正言不順，授人以柄，源自蔣介石當年種下的「爭正統」、「爭法統」、「爭道統」禍根，其來有自，限於篇幅，此處姑不贅述。

值得一提的倒是，現今看似強大無比的北京政權本身。因爲，支那歷史上這種除非內亂必然外侵的定律固讓人恐慌，但諷刺的是，偏偏事與願違。

由於過度強調「普天之下莫非王土，率土之濱莫非王臣」這種絕對化思想，因此，迄今發展不出需要靠妥協尊重與平衡精神才能實現的民主體制。也因此，翻看支那歷史，實際上是亂多治少，其實並沒有多少能力外侵。反過來，挨打挨揍的情況才是史不絕書。

然而，更弔詭可悲的是，無數次撞板挨揍的結果，並沒讓支那人稍微自我反省，並沒讓支那人的政治思想轉換成民主思維，反而更加深受迫害妄想狂心態，更加認定「普天之下莫非王土，率土之濱莫非王臣」的「定於一」，才是問題的唯一解藥，眞叫人夫復何言！

際此世界各國都在膽顫心驚關注支那帝國將怎樣運用其看似強盛的國力之際，誰知道什麼時候，這種對內高壓導致動亂的歷史又將重演。屆時，可能也正是全世界，尤其是周邊小國鬆口氣的時候吧。（二〇一八年五月）

23. 問蒼茫大地，誰主沉浮？

毛澤東最得意的詩句之一，「問蒼茫大地，誰主沉浮？」就文字論文字，這句話的氣派多大啊！大到震撼了許多無知者，包括所謂的學者專家，也對之心儀無比，讚譽有加。

然而事實上，這種豪氣干雲自認比上帝還偉大的心態，對我們這自古以來就缺乏眞正宗教信仰，自古以來就沒有上帝最高造物主概念的社會民族來說，一點也不稀奇。

翻看歷史，歷代帝王，從秦始皇、漢高祖、漢武帝、唐太宗以降，一直到明太祖、明成祖、康熙、乾隆，試問，哪一個稍有點才幹的帝王不是如此？

換句話說，這種目中無神，無法無「天」的心態，究竟是促進了中國大地上的自由民主人權？還是恰好相反，實際上正是華夏大地一切禍患災難的主因！

24. 忘恩負義，得不償失

憑良心說，自毛共（毛澤東式共產黨）掩有大陸實行絕對集權絕對洗腦的高壓統治後，經過多年僵持，歐美西方後來之所以願意與之交往，願意對中國投資，幫助中國走上富裕，除了現實利益外，也多少帶有幾分對「新中國」的好奇與同情。

日本亦然，後來之所以願意與之交往，願意對中國投資，除了緊跟美國腳步的現實考慮外，也多少帶有幾分對「新中國」的好奇與曾經侵華的歉意。

然而，這幾分好奇、同情或歉意，我相信，已隨著中國近年在國際舞台——特別是在南海和釣魚台問題上的蠻橫而煙消雲散。反過來，北京當局這種翻臉無情的做法無不讓曾經多少有點示好的西方日本感到心寒。即使口頭不說，內心裡也難免嘀咕中國人忘恩負義。

未來，我相信，就算釣魚台問題沒有演變成世界大戰，西方（尤其是日本）也會靜悄悄地從中國撤資、撤廠，縮小對中國的貿易。盡量不轉移商品技術，更將勢所難免。

這樣一來，對自主研發商品技術還遠遠落後的中國，可眞是得不償失啊。

人間的道理是相通的，如果一個忘恩負義的個人會讓人不齒，那麼，一個忘恩負義的國家又何嘗不是？這一切，看在甚至與南海、釣魚台毫無關係的國家眼裡，難道不會心懷警惕？這對「中國的崛起」豈非一大障礙？

事實上，個人也好，國家也好，得了好處即翻臉不認賬，有了點力量就耀武揚威，其實是斷送了自己未來長遠更大的利益。目光短淺，莫此爲甚！（二〇一二年六月）

25. 破解習近平所謂的「民族大義」

習近平日前就「告台灣同胞書」四十周年發表講話，細觀內容，可說了無新意。倒是，習近平在結尾時強調，「支持和追求國家統一是民族大義」，難免讓二十一世紀的現代文明人，泛起一種時空錯亂之感。

嗚呼！從秦始皇以降，從國民黨中國，到毛共中國，一方面把「民族大義」放在嘴上，叫得聲嘶力竭；一方面彼此實際上是無止境地殘殺，早已成了支那人兩千多年來的最大特色。

這裏，不妨節錄我在〈透視中國企圖併吞台灣的理論基礎〉裡，就中國人所謂的「民族大義」，做的解釋：

「自秦始皇一統，儒家找到了統治者做爲依附對象以後，同時也找到了一個認同的最高對象，那就是所謂的『民族大義』。

在儒家虛構的『民族大義』概念裡，就如同它所謂的『正統』一樣，講究的完全是唯我獨尊，是『華夷之辨』，是『非我族類』，是『漢賊不兩立』，是黨同伐異的。

換句話說，在所謂的『民族大義』之下，可以不顧人倫地『大義滅親』，是可以『順我者昌、逆我者亡』，是可以隨時將反對者扣上『漢奸』鐵帽，做為討伐的理論基礎的。

事實上，『漢奸』這種萬惡的概念，其實也是自秦始皇大一統之後才產生的。在秦始皇大一統前，哪來的『漢』啊！

「民族大義」的下一句——「漢奸」

由於秦始皇式的大一統，要求絕對地定於一尊。於是將原有所謂『華夷之辨』的先秦儒家政治理論之一，落實成為統治者箝制思想的利器。爾後更進一步，才有所謂『漢奸』這種排除異己的鐵帽子發明。只要是政治異己，鮮少不以『漢奸』之名扣對方頭上，以便引起全民共憤，順利剷除。

之所以會有這種效果，根源就在於，自秦始皇以後經過歷代帝王高壓洗腦，使我們這使用類似方塊字，說類似一種語言的種族，絕對不可以另組國家，變成了一項鐵律。

彼此儘管殘酷殺戮永無止境，但寧可血流成河地改朝換代，也必須綁在一起。誰若不想參與這種血腥遊戲，想脫離出去，就成了大逆不道的『漢奸』。

這，又牽扯到中國人沒有上帝最高造物主信仰這回事了。

由於一般中國人心目中沒有上帝，自秦始皇大一統以後，六國滅亡，再也沒有其他制衡力量，於是，皇帝就成了上帝，權力自然籠罩一切，連一個人內在的心靈，也無法逃脫。

信仰上帝的西方民族就不同了。由於人們心目中眞正的最高主宰是抽象的上帝，因此，國王也好，皇帝也好，總統也好，主席也罷，權力比起上帝，其實還是有限。自然比較可能做得到，合則留不合則去。

此所以，同樣講英語的民族，同樣講西班牙語的民族，同樣講阿拉伯語的民族，同樣講法語的民族等等，可以組成那麼多不同的國家；而我們呢？前蘇聯可以順利解體，紛紛平等加入聯合國，和平共存；而我們早就已經事實分治的海峽兩岸呢？

再說，由於『漢奸』觀念的延伸，中國人黨同伐異的手段也極盡殘忍惡毒，遠非西方所能想像。

李將軍和貝當

像二次大戰時的法國總統貝當，因為頂不住德國攻勢，為了不讓巴黎被毀，不讓法國民眾受更多的苦，不得已向納粹德國投降，將首都從巴黎遷往維琪（史稱維琪政府），成為納粹德國的傀儡。

然而，貝當將軍在納粹垮台後，雖然受到懲處，但可沒有被冠以『法奸』之名，以『民族大義』為由，抄家滅族。反觀我們的汪精衛的下場，恰恰相反。汪精衛其時已死，但是連墳墓都被炸毀。

此外，像美國南北戰爭時出身西點軍校的南軍統帥李將軍，在內戰結束後，也沒有被冠以『美奸』之名，以『民族大義』為由，秋後算帳，反而是讓其安養天年以終。

事實上，所有民族的人情義理，都不喜歡背叛，都痛恨背叛的，這是人性。但與此同時，有上帝最高造物主信仰，尤其是有猶太教基督教信仰的人，同時也深知『人皆罪人』的道理，因此事後往往選擇寬恕原諒，成為一個人做人，最起碼的同理心與品德。

不像中國，政爭一起，就絕無妥協，不將對方滅三族，滅九族，甚至滅十族，誓不罷休。試想，在這種心理和氛圍下，怎麼可能建立起需要講求妥協的民主政治？

也因此，所謂『漢奸』一詞，直至二十一世紀凡事多元包容的今天，仍能夠成爲中國政客口中念念有詞自以爲依然有效的緊箍咒。

同樣的，這也就是爲什麼像郝柏村，連戰等人，至少在他們的嘴巴上，寧可接受當年心目中的萬惡共匪，也不肯接受自由民主的台灣獨立；以及許許多多美籍華人，即使身在美國，享受美國的自由民主，卻寧可充當毛共中國的間諜。

因爲這一切，在儒家觀念裡，都是爲了所謂的『民族大義』啊！」

轉移注意力

如今，習近平繼續高舉「民族大義」對台心戰喊話，莫非他眞的以爲，台灣人在接受國民黨幾十年的黨國教育之後，也都變成了相信所謂「民族大義」的支那人？

至於習近平所說，「要積極推進兩岸經濟合作制度化，打造兩岸共同市場，爲發展增動力，爲合作添活力，壯大中華民族經濟。兩岸要應通盡通，提升經貿合作暢通、基礎設施聯通、能源資源互通、行業標準共通。」

不難想見，在自由世界對中國普遍覺醒，美中貿易戰開打之後，經濟勢頭陷入困境的毛共中國，是多麼需要台灣這塊肥肉作爲其亟需的「大補帖」！

而且，更重要的是，對毛共當局來說，際此中國經濟陷入困境之際，又有什麼比高唱「統一台灣」更有效的辦法，來轉移人民的注意力？

由蔡英文政府這次的立即反應，蔡政府似乎不至於看不清這點。但是，其他在九合一大選裡，票投韓國瑜或柯文哲的選民呢？（二〇一九年一月）

26. 從「民族大義」到「背祖忘宗」

國民黨大員最近紛紛表示，如果國民黨再度執政，將依據《兩岸人民關係條例》，和對岸簽署和平協議！

且不說毛共中國歷來所簽協議信用度是零這回事了。

首先，光是根據《兩岸人民關係條例》，就已經未戰先降，就已經先把屈居弱勢的台灣，鎖進「一個中國，一國兩制」的鐵籠子裡，就算台灣統派一廂情願願意舉雙手投降，顯而易見的是，自由世界應該也不容許吧。

然而，之所以會出現這種匪夷所思的論調，而且居然還有人附和，從深一層看，筆者的理解是，這又是傳統「民族大義」和「背祖忘宗」等腐朽觀念，在幕後扮演了無形推手。

這話怎麼說呢？

話說，自秦始皇一統天下後的支那歷史，形成了一個最非理性，最不可思議的現象，那就是，在統治者高壓暴力蹂躪下，異議者除了俯首貼耳，就只能反抗，然後是，彼此血流成河地殘殺，爭奪獨佔獨享的統治大位。

或說，既然做不到彼此妥協的民主政治，那麼，是否可以退出這種惡性循環永無止境的廝殺爭奪？

也不可能，原因是，這又違背了「民族大義」，是一種「背祖忘宗」的行為。

因此，僅管毛共中國十三億人從上到下，無人不想望羨慕西方自由世界，但另方面又被所謂的「民族大義」、「背祖忘宗」想法盤據心靈，形成人格分裂。

這種一方面強調「民族大義」，反過來祭出「背祖忘宗」的正反兩面夾擊，使中國政治注定無法民主。流風所及，也嚴重影響到已經自由化民主化的台灣，迄今在面對中國惡性打壓時，反抗力道也一直缺乏底氣的根本原因。

其實，高壓在中國人頭上，不斷發揮金鐘罩頂作用的「民族大義」、「背祖忘宗」等說法，之所以會產生如此巨大效果，說穿了，就是因為中國人始終沒有產生對上帝最高造物主的信仰，因此，試問所有中國人，有幾人敢挺身而出對「民族大義」這四個字說不？萬一出現這種人時，又幾乎千篇一律遭到社會從上到下詬罵「背祖忘宗」。

換言之，如果「民族大義」是儒家給支那人建構的最高信仰，那麼，「背祖忘宗」

就是儒家給支那人建構的心靈牢籠。一進一退，把秦始皇以後的支那人，死死捆綁成今天這副冥頑不化的模樣。

被以台商爲主的自由世界養肥的毛共中國，如今岌岌乎企圖吞下台灣這塊無與倫比的肥肉，老實說，台灣前途已到了生死存亡關頭。

一方面，以美國爲首的自由世界，驚覺對毛共中國開放的結果演變成養虎自噬，亟思對首當其衝的台灣出手相助；與此同時，台灣本身內部，卻還在「民族大義」、「背祖忘宗」的觀念裡掙扎，無法自拔；在面對「民族大義」、「背祖忘宗」這類咒語時，不知如何是好。

也許，要我們像二戰後的南韓那樣，刻意引進基督教作爲全民的主要宗教信仰，已經緩不濟急，而且對我們的文化傳統來說，困難度也太大。

爲今之計，除了堅守自由民主人權此一普世價值，將此一普世價值置於不容打折的最高位階外，試問，對台灣人而言，還有什麼更好更有效的辦法能夠破解「民族大義」「背祖忘宗」這類咒語？（二〇一九年二月）

27. 切莫忽視毛共中國對台灣人特有的特殊仇根
——六四大屠殺三十週年有感

在全世界電視機前億萬觀眾注目下，公然以坦克機槍屠殺手無寸鐵要求民主自由的青年學生的「六四天安門事件」，轉眼至今屆滿三十年。

在這三十年裡，以鄧小平為首的當權派所奉行的經濟鬆綁政治高壓做法，獲致的結果是：經濟上以犧牲環境犧牲勞工為代價，創造了無官不貪的畸形繁榮；政治上則比六四事件時的言論自由，集會結社自由，更加倒退！對外——對南海，對東海，對台海，則更為囂張。

其實，按照秦始皇以降兩千兩百多年來的支那政治傳承，按照毛澤東自比超過秦始皇百倍的自白，這種現象乃意料之中，並不足為奇。

唯一讓人感到遺憾的是，這種經濟鬆綁卻堅拒政治改革的獨輪車模式，在經濟發展遲早遇上瓶頸之後，接下來的社會動亂將在所難免，還沒過幾天好日子的苦難支那大眾，又將因爲自身的冥頑不化，再遭苦難！

其次，身爲同文同種，歷盡艱辛，好不容易才獲致自由民主的台灣，也將因爲中國的拖累，難免遭池魚之殃！

眼下，已經在大一統意識下無法自拔，復又被毛共中國過去幾年的虛張聲勢給嚇傻嚇呆，內心裡已然投降的藍營人士，故不必說了。

令人憂心的是，即使在綠營內，也有太多太多人，因爲對毛共中國對台灣人懷有的特殊仇恨無法眞正理解認識，從而抱著一種無所謂心態，任由局勢往壞的方向發展，這才眞正使人擔憂！

對台灣人的仇恨不是一般的仇恨

筆者出身外省公務人員子弟，三叔祖宋邦榮將軍，保定軍校畢業，歷任北洋政府時期徐州警備司令，國民政府時期漢中警備司令，平津警備司令。北平淪陷前，爲少數願意搭乘蔣介石特派專機逃往台灣的軍政要員之一。

自幼聽聞先父轉述，三叔祖之所以做出和傅作義、張治中等人不一樣的選擇，原因是，以其一輩子第一線剿匪與共產黨周旋的體驗，深刻了解共產黨的兇殘狡詐，遠非常人所能想像。他私下對先父的名言是：「國民黨再壞，也比共產黨好！」

今天在台灣，當我們回想起二二八屠殺時，自然會內心絞痛，不寒而慄。但現在的當務之急，是不是更需要仔細想想，如果毛共中國併吞台灣，台灣人的下場將會如何？

有些天眞的外省人以爲，毛共中國要對付鎭壓的是台灣人（本省人），與我無關；有些天眞的本省人以爲，只要我歸降順服，與我何干？

殊不知，屆時哪有本省人外省人之分？六四天安門屠殺的，豈不正是他們自己根正苗紅的青年學子？

支那歷史上，向來有對拒降城池進行屠城的做法。曾國荃打進太平天國首都天京（南京城），清軍攻破揚州城，對男女老幼施行滅絕式屠殺，就是近代以來最著名的例子。

嫉妒、仇恨、與報復，綜錯交織

在既自卑又自大情結作祟下，近代中國，尤其是毛共中國的教育宣傳，無不充滿了受迫害妄想狂思維，永遠不思自省，永遠是別人的錯。面對貧弱，內心充滿鄙夷；面對富強，內心則充滿嫉妒與仇恨。試想，以這種心態，在面對曾經被割讓給日本的台灣，對曾經被「叛徒蔣介石」率領兩百萬人逃避赤禍的台灣，而偏偏台灣又是個相對繁榮進步的好地方，內心裡的妒與恨，還用問嗎？

換句話說，在企圖吞併台灣的過程裡，毛共中國會很輕易地，將台灣的拒絕，認作是帝國主義撐腰，說成是漢奸賣國（見拙作〈皇民、漢奸與秦奴〉一文）。也因此，毛共中國對台灣人的仇恨，已不是一般的仇恨，而是一種難以言喻的特殊仇恨，絕不是嘴巴上的甜言蜜語能掩蓋得了。

秦始皇以後的支那人，經過幾代摧折，人性裡高尚的部份，已經所剩無幾；而歷經超過秦始皇百倍的毛澤東洗腦折磨後的毛共中國，其扭曲的人性，不言而喻。

當年因爲一個街頭小販販賣私煙激起二二八抗議事件，因二二八抗議事件而引起蔣介石國民黨大開殺戒；你能想像，已經享受自由民主慣了的台灣人，若被毛共中國統治，豈不會因爲丁點小事而激起更大規模的鎮壓改造？

放眼當前的新疆集中營，回顧三十年前六月四日天安門大屠殺的場景，顯然，這就是最鮮活的寫照，也是最眞實的回答！（二〇一九年六月）

28. 透視中國企圖併吞台灣的理論基礎

我們凡人做任何事，往往都會有個理由，或至少有個自以爲是的理由。擴大到國家層面，也是一樣。一個國家的大小政策，通常也都有它的理由。尤其是重大政策背後，更一定有它的理論基礎。而毛共（毛澤東式共產黨）中國口口聲聲要統一台灣的所謂「一個中國」政策，它的理論基礎又是什麼呢？

說穿了，其實很簡單，但問題是，可能連毛共中國自己都不清楚。那就是，支撐這個政策背後的理論基礎，其實就是中國自秦始皇以後，藉由儒家觀點所塑造出的「道統」、「法統」、「正統」、「民族大義」和「大一統」——這些在邏輯上說不通，但是卻在支那人心中已經根深蒂固的鬼話。

這裏首先必須強調，做爲先秦哲學之一的儒家，在個人修身養性上，譬如「禮義廉恥」，譬如「愼獨」，譬如「克己復禮」，譬如「忍」等等，確實有它的獨到之處。舉例來說，日本遣唐使當年就是輸入儒家思想中的這一部份，來彌補日本本身神道教信仰在倫理方面的不足。

但是在另一方面，儒家思想卻在中國本身，自秦始皇以後，形成了無與倫比的災難！個中原因是：

我們都知道，任何一種哲學，都有它自己一套可以自圓其說的理論。換句話說，所有的哲學理論，只要不追求唯我獨尊，壓制其他，彼此共存共榮，都也未可厚非。就像我們現在所處的這個自由民主時代，或秦始皇大一統以前的先秦時代，百家爭鳴，百花齊放，彼此包容，事實上是好事，不是壞事。

但很不幸的，儒家理論在中國成爲問題，而且成爲根深蒂固無可救藥的問題，就是因爲儒家本身所奉行的「道統」、「法統」、「正統」、「民族大義」和「大一統」這種思想，自秦始皇統一後，和唯我獨尊的獨裁統治者相結合，形成了「罷黜百家，獨尊儒術」的壟斷局面。

事實上，儒家這種類似宗教信仰上唯我獨尊的「道統」、「法統」、「正統」、「民族大義」和「大一統」觀念，本身是極具排他性的。這種排他性在諸子百家爭鳴百花齊放的先秦時代，不但引不起共鳴，相反，還時常成爲笑柄，遭到當時知識份子的恥笑，然而，自政治形勢演變到秦始皇一統天下後，儒家的這套理論，就終於找到了依附對象。

當時的情況是，秦始皇一統天下後，儒生們立刻將「君君臣臣」、「道統」、「法統」、「正統」、「民族大義」和「大一統」這套理論獻上，希望秦始皇能予以重用。但是萬萬沒想到，以嚴刑峻法和暴力詐術起家的秦始皇，不欣賞這一套。因此適得其反，反而遭到秦始皇焚書坑儒的對待。

與獨裁統治者相結合

但是沒多久，也就是大約五十年後，到漢武帝時，情況就不一樣了。漢武帝發現，儒家這套「君君臣臣」、「道統」、「法統」、「正統」、「民族大義」和「大一統」的說法，簡直等於把皇帝這個位置，吹捧成上帝般的偉大，大大有利於他的統治方便。於是乎，立刻「罷黜百家，獨尊儒術」。從此，在先秦時代經常受到知識份子嘲笑的儒家思想，終於如願以償地成功依附當權者，成爲中國皇帝統治萬民的理論基礎！

爾後，綿延到唐朝女皇武則天時，更變本加厲，統治者乾脆透過科舉，把凡是想出仕當官擠進統治階層的人，一律通過儒家經典的考試，才予以拔擢任用，創造出全世界僅有，以當官爲人生唯一目標的知識份子群——「士大夫階級」。

換句話說，從唐朝以降這一千三百多年來，儒家這套「君君臣臣」、「道統」、「法統」、「正統」、「民族大義」和「大一統」的理論，早已經透過一代又一代的科舉考試，深植進中國知識份子的腦海，或者說，被深植進支那人的人心。

別的不說，三、四十年前的毛共，還像秦始皇般的兇狠暴戾，還在「批孔揚秦」（批判孔子，頌揚秦始皇）呢，怎麼忽然間又擁抱起孔子來了呢？

原因再簡單不過，原來，在一個沒有上帝造物主信仰的中國社會，儒家思想最合適作爲獨裁者用來箝制人民、痲痹人心的理論基礎，如此而已！

再舉個例子，民族自決是馬列主義的重要理論之一，蘇聯的加盟共和國就是按照這個理論基礎，擁有一定程度的自治，最後也就是按照這個理論基礎，順利成功地脫離蘇聯，加入聯合國。

但是，同樣高唱馬列主義的毛共中國，爲什麼在少數民族問題上，不敢遵守馬列主義的教導，尊重民族自決呢？

道理很簡單，儒家思想是講求「定於一尊」的。而在沒有宗教信仰，沒有最高造物主信仰的中國，這個「一尊」，很不幸地，是人爲的皇帝，而不是抽象的上帝。

西方人在抽象的上帝「一尊」之下，貧賤富貴，人人平等，連拿破崙也不例外。

因此，歐洲人普遍信奉基督教，中東人普遍信奉伊斯蘭教，但是，卻可以同時並存許多不同的國家。相反，將「定於一尊」的對象放在人爲的皇帝身上的中國，卻絕對非殺到你死我活，最後只能剩下一位皇帝「坐天下」，誓不罷休。

蔣介石如何對待毛澤東，毛澤東如何對待蔣介石，乃至現今的「中華人民共和國」如何對待「中華民國」，就是這種現象的最佳寫照！

對日本韓國發揮正面影響

這裏，再讓我們來看看，究竟什麼是儒家的「君君臣臣」、「道統」、「法統」、「正統」、「民族大義」和「大一統」？

首先，我必須再次強調，儒家思想做爲個人修身養性、待人接物的理論，的確有它的優點。舉例來說，日本的武士道精神，很大一部份就受到儒家思想的薰陶。

但我們同時也必須強調，儒家思想之所以在日本發揮了正面效果，主要是因爲它和日本本身的神道教信仰相結合的緣故。

換句話說，在中國，儒家思想需要獨裁統治者做爲依附對象；但是在日本，依附的對象卻是宗教上的日照大神（以及號稱日照大神在人間的代表，萬世一系神格化的虛位元首——天皇）。然而，日照大神是抽象的，是恆久不變的神明；但中國的統治者——皇帝，卻是七情六慾、後宮三千、砍砍殺殺、誰心狠手辣誰坐天下、朝夕不定的凡人。

再看深受儒家思想影響的韓國，也是因爲自二次大戰後，韓國的知識階層普遍意識到，日本有神道教作爲日本政治精神上的皈依，而韓國闕如，因此刻意推廣基督教信仰，才使儒家思想在韓國，不再成爲韓國自由化民主化的絆腳石。

這裏要順便補充一點，或許有人會問，儒家思想不是要求統治者「施仁政」嗎？那又有什麼不好？

的確，「仁政」不是壞事。但如果我們仔細研究，就會發現，儒家所謂的「施仁政」，其實是祈求統治者「施捨仁政」，是統治者高高在上，完全按照統治者的隨心所欲來決定，與西方人基於對最高造物主的敬畏和信仰所散放出來的平等的博愛，完全不可同日而語！

也因此，儒家思想在日本成爲輔助日本政治倫理規範的功臣，儒家思想在二次大戰後的韓國，不再成爲韓國自由化民主化的障礙。但是在中國，儒家思想卻始終還是統治者發洩七情六慾殘民以逞的幫凶。

「民族大義」與「漢奸」

在釐清這幾個前提之後，接下來，我們來看看究竟什麼是所謂的「君君臣臣」、「道統」、「法統」、「正統」、「民族大義」和「大一統」這些觀念？

1.「君君臣臣」：儒家這套「君君臣臣」的觀念，原本在人際倫理上，還沒有這麼嚴重，但是自秦始皇一統天下，儒家知識份子找到統治者作爲依附對象後，就演變成了「君要臣死，臣不得不死」等奴才現象的理論基礎。

最主要原因就在於，在中國古代哲學裡，始終沒有發展出像西方，或者類似像日本的一神教信仰，因此，秦始皇一統天下之後的中國皇帝，在儒家知識份子吹捧下，自然就取代了上帝。試想，在這種環境下再去強調「君君臣臣」，豈不正好培養出無止境的奴才？

2.「道統」：所謂「道統」，其實是儒家虛構出的一套說法，自稱他們的理論是「吾道一以貫之」。而這個「道」，則是從遠古神話的三皇五帝，一路接下來，堯、舜、禹、湯、文王、武王、周公、孔子，再接下來，到秦始皇、漢武帝、以及歷代統治者所代表的思想道路，當然也包括了近代的孫中山，蔣介石，和毛澤東，以及最新出爐的「習近平思想」。

這只再一度證明，儒家思想是如何緊緊死死擁抱獨裁統治者，是如何成爲中國獨裁統治者的幫兇！

3.「法統」：其實，合法性這個概念，西方才眞正重視！

但是，西方的合法性是以民意授權爲依歸，符合邏輯理性，是有限度的。但儒家所謂的「法統」，卻是無限延伸，無限上綱，是依據誰的拳頭大，誰就擁有「法統」。

像蔣介石當年宣稱，流亡台灣的「中華民國」政府代表全中國，因此拒絕改選在大陸時期搞出的國大代表和立法委員，因爲這些人代表了「中華民國」的「法統」。

同樣，毛澤東自從用武裝暴力把蔣介石趕到台灣後，就宣稱他的「中華人民共和國」才擁有中國的「法統」，老百姓永遠也沒有投票表達意見的權利，一切靠槍桿子決定。

換句話說，儒家的「法統」概念，完全不能和西方的合法性觀點，相提並論。儒家所謂的「法統」，其實是統治者非法統治，欺壓老百姓的飾詞和遮羞布！

4.「正統」：這可是儒家依附統治者最不要臉的把戲了。在儒家知識份子眼裡，任何在位的統治者就是「正統」，其他反對者，都是邪門歪道，都是罪該萬死或不識好歹的叛徒或賤民。

也因此，儒家這套「正統」的概念，助長了自秦始皇以後，歷代帝王將對手斬盡殺絕，極盡殘忍的作爲。另外，很顯然，儒家這套「正統」的概念，也成爲民主在中國迄今無法萌芽的最根本原因！

原因是，民主政治的精髓之一，就是彼此妥協和包容多元。如果處處強調「正統」，除了助長獨裁統治的氣焰，還哪有可能自由民主和包容多元？

甚至，蔣介石當年誇稱流亡台灣的「中華民國」代表全中國，不就是在和北京的「中華人民共和國」爭「正統」嗎？蔣介石當年不接受聯合國同意改名台灣繼續留住，寧可宣稱「漢賊不兩立」而被趕出聯合國，不就是要和毛澤東爭「正統」嗎？

進一步說，現在的南北韓，當年的東西德，他們爲什麼可以同時並存於聯合國？而「中華民國」和「中華人民共和國」卻不行呢？道理再簡單不過，他們沒有誰才是「正統」這種匪夷所思的觀念啊！

因爲，按照儒家的「正統」觀念，必然延伸出「天無二日，地無二王」的結論。按照這種想法，蔣介石又怎麼可能不「漢賊不兩立」地退出聯合國？毛共中國又怎麼可能不心心念念企圖併呑在台灣的「中華民國」？

5.「民族大義」：自秦始皇一統，儒家找到了統治者做爲依附對象以後，同時也找到了一個認同的最高對象，那就是所謂的「民族大義」。

在儒家虛構的「民族大義」概念裡，就如同它所謂的「正統」一樣，講究的完全是唯我獨尊，是「華夷之辨」，是「非我族類」，是「漢賊不兩立」，是黨同伐異的。

換句話說，在所謂的「民族大義」之下，可以不顧人倫地「大義滅親」，是可以「順我者昌、逆我者亡」，是可以隨時將反對者扣上「漢奸」鐵帽，做爲討伐的理論基礎的。

這裏重複一下我在〈皇民、漢奸與秦奴〉一文裡所提到的：

「『漢奸』這種萬惡的概念，其實也是自秦始皇大一統之後才產生的。在秦始皇大一統前，哪來的『漢』啊！

由於秦始皇式的大一統，要求絕對地定於一尊。於是將原有所謂「華夷之辨」的先秦儒家政治理論之一，落實成爲統治者箝制思想的利器。爾後更進一步，才有所謂『漢奸』這種排除異己的鐵帽子發明——只要是政治異己，鮮少不以『漢奸』之名扣對方頭上，以便引起全民共憤，順利剷除。

之所以會有這種效果，根源就在於，自秦始皇以後經過歷代帝王高壓洗腦，使我們這使用類似方塊字，說類似一種語言的種族，絕對不可以另組國家，變成了一項鐵律。彼此儘管殘酷殺戮永無止境，但寧可血流成河地改朝換代，也必須綁在一起。誰若不參與這種血腥遊戲，想脫離出去，就成了大逆不道的『漢奸』。

這，又牽扯到中國人歷來沒有宗教信仰，尤其沒有上帝最高造物主信仰這回事了。

由於一般中國人心目中沒有上帝，自秦始皇大一統以後，六國滅亡，再也沒有其他制衡力量，於是，皇帝就成了上帝，權力自然籠罩一切，即便是一個人內在的心靈，也無法逃脫。

信仰上帝的西方民族就不同了。由於人們心目中眞正的最高主宰是抽象的上帝，因此，國王也好，皇帝也好，總統也好，主席也罷，權力比起上帝，其實還是有限。自然比較可能做得到，合則留不合則去。

此所以，同樣講英語的民族，同樣講西班牙語的民族，同樣講阿拉伯語的民族，同樣講法語的民族等等，可以組成那麼多不同的國家。而我們呢？前蘇聯可以順利解體，紛紛加入聯合國，和平共存，而我們呢？

再說，由於『漢奸』觀念的延伸，中國人黨同伐異的手段也極盡殘忍惡毒，遠非西方所能想像。

像二次大戰時的法國總統貝當，因爲頂不住德國攻勢，爲了不讓巴黎被毀，不讓法國民眾受更多的苦，不得已向納粹德國投降，將首都從巴黎遷往維琪（史稱維琪政府），成爲納粹德國的傀儡。

然而，貝當將軍在納粹垮台後，雖然受到懲處，但可沒有被冠以「法奸」之名，以「民族大義」爲由，抄家滅族。反觀我們的汪精衛的下場，恰恰相反，連墳墓都被炸毀。

此外，像美國南北戰爭時出身西點軍校的南軍統帥李將軍，在內戰結束後，也沒有被冠以『美奸』之名，以『民族大義』爲由，秋後算帳，反而是讓其安養天年以終。

事實上，所有民族的人情義理，都不喜歡背叛，都痛恨背叛的，這是人性。但與此同時，有上帝最高造物主信仰，尤其是有猶太教基督教信仰的人，同時也深知「人皆罪人」的道理，因此事後往往選擇寬恕原諒，成爲一個人做人，最起碼的同理心與品德。

不像我們，政爭一起，就絕無妥協，不將對方滅三族，滅九族，甚至滅十族，誓不罷休。試想，在這種心理和氛圍下，怎麼可能建立起需要講求妥協的民主政治？

也因此，所謂『漢奸』一詞，直至二十一世紀凡事多元包容的今天，仍能夠成爲中國政客口中念念有詞自以爲依然有效的緊箍咒。」

同樣的，這也就是爲什麼像郝柏村，連戰等人，至少在他們的嘴巴上，寧可接受當年心目中的萬惡共匪，也不肯接受自由民主的台灣獨立；以及許多美籍華人，即使身在美國，享受美國的自由民主，卻寧可充當毛共中國的間諜。因爲這一切，在儒家觀念裡，都是爲了所謂的「民族大義」啊！

6.「大一統」：這是儒家在先秦時代就提倡的政治理論。

在春秋戰國的紛亂時代，有人問孟子：「天下到底怎麼樣才能夠安定？」孟子的答覆不是自由民主選舉投票。相反，他的答覆是：「定於一」。也就是說，由一個強國或強者主宰一切，天下就太平了。

然而，強者是人，由強者主宰一切，可能做得到公平合理，長治久安嗎？顯然不可能。企圖傳之萬代，以自己爲第一代皇帝的秦始皇帝國，僅僅十三年就土崩瓦解，灰飛煙滅，就是個例子。

換句話說，儒家的「大一統」概念，只是爲了自身附著統治者的眼前利益，是典型的儒家知識份子的馬屁行爲，不但無助於社會穩定，國家安定，而且說實在，剛好是反其道而行！

更糟糕的是，儒家這種「大一統」概念延伸的結果，造成了中國歷史上偶遇強盛，或稍稍安定的時候，無不對周邊小國發動外侵，企圖呑併，妄圖「定於一」。因爲，既然是「大一統」，自然會衍生出「普天之下莫非王土，率土之濱莫非王臣」這種想法啊。

像唐太宗三征高麗，勞民傷財不說，而且最後都以失敗收場，後來連他自己也承認，就是因爲認定朝鮮與我同文同種，怎麼可以獨立自主的緣故！

眼前，中國對南海的企圖，對日本尖閣列島的企圖，對台灣的企圖，甚至想取代美國獨霸全世界的企圖，都可以說，無不是這種「大一統」觀念所散放出的毒素在作祟。台灣作爲首當其衝的對象，除了要自身站穩腳跟，結合自由世界的力量以爲奧援外，我始終相信，徹底認清中國人企圖併吞台灣的這些理論基礎，也是釜底抽薪刻不容緩的課題！

而且事實上，這個課題，其實也是中國人本身能不能夠自由化民主化的根本關鍵！也是中國人本身禍福的關鍵！

（本文爲二〇一八年十月十六日在華府台灣同鄉會的演講摘要）

下篇：【毛共中國與自由世界】

1. 中國崛起的四大外因——APEC峰會有感

本屆APEC在北京舉行的峰會，表面上似乎風光地落幕了，但也給人不少感觸。

首先是，對我們那些被「普天之下莫非王土，率土之濱莫非王臣」觀念中毒深入骨髓而不自知的「大一統」秦奴（秦始皇的心奴）來說，可能會爲此感到與有榮焉，以爲如今中國眞是強大了，揚眉吐氣了，身爲中國人是多麼驕傲。

其次是，對那些少數覺醒的中國人，對那些發現自由民主法治人權才是眞正普世價値的中國人來說，內在的良心可能會吶喊，中國如今表面上的繁榮強大，其實是奠基在對億萬農民工的殘酷剝削以及對自然環境無休止的破壞上。換句話說，北京政權越強大，實際上只反映了對自由民主法治人權更多更大的壓制。

再就周邊小國來說，如果中國是個民主國家，中國的崛起，未嘗不是好事。起碼就地緣方便來說，歡迎都來不及，何需嚇得要死？像菲律賓和越南等國，何需再趕緊回過頭來，萬里迢迢去緊抱美國大腿，巴望美國再回來主導亞洲事務呢？

再就歐美日本等工業化大國來說，當初努力打開中國大門，固然著眼於中國的市場和廉價的勞力；但也多少抱有幾分對新中國的好奇與同情。現在卻發現，這個崛起的中國，可不是想像中的好夥伴，並不是一個想按照規矩做生意，致力提升品質，用心過好日子的國家；相反，竟是個懷抱秦始皇式野心，不但想取代美國，甚至想獨霸全世界的「虎狼之國」！

至於商業上各種各樣越來越顯著的奸巧行爲，更擾亂了原有理性的國際秩序和誠信。凡此種種，那些曾經指望改善中國經濟以軟化其侵略性的西方大國，如今會不會後悔莫及呢？

意淫虛榮氣氛

其實，擁有二十一個成員的APEC峰會，每年輪流在不同成員國主辦，本來並非什麼了不得的大事，但中國當局這次卻刻意砸大錢，煞有介事地辦得像嘉年華一樣，除了暴發戶心態，亟欲展示中國崛起，意淫所謂「萬國衣冠拜冕梳」的虛榮氣氛以外，實在找不出其他理由。

英國《經濟學人》雜誌形容：「北京爲了這場APEC峰會，費足了好大勁兒，一方面勒令當地工廠關閉幾天，一方面下令數百萬輛汽車從首都中心的馬路上疏散，使蔚藍的天空得以再現，掃除北京予人霧霾籠罩的印象。」

但是光憑這些，就眞能讓中國在國際舞台上，成爲取代美英法德日甚至俄羅斯的領導國家了嗎？

英國《經濟學人》的結論是：

「就中國的全球雄心而言，習近平當然想扮演強國的大角色。但是，相對地，中國就必須在國際關注的大議題上，譬如環保、恐怖主義、以及健康衛生等方面，付出更多心力。

然而，與其主觀意願相反的是，中國到目前爲止，一方面一直誇大新疆遭到恐怖主義的威脅，一方面卻未對全球日益惡化的恐怖主義所帶來的動盪不安，付出相對心力。

在全球對抗伊波拉病毒議題上，中國近來提高分貝，表示要捐一億二千萬美元。然而，國力遠不如中國的英國，都承諾捐款二億零五百萬英鎊，幾乎是中國的二點七五倍。甚至美國微軟公司（Microsoft）的共同創辦人艾倫（Paul Allen），都承諾爲對抗伊波拉病毒擴散，捐款一億美元。

由此觀之，中國自以爲是的立足全球的雄心，從慷慨角度，關懷視野，以及實質發揮作用等層面觀之，顯然距離當國際老大哥的主觀期待，還有很大一段明顯差距。」

四大關鍵外因

但儘管如此，中國的崛起也是不爭的事實。

因此，在中國本身因抗拒民主而分崩離析，或因恣意外侵而撞到鐵板以前，也許，我們還是有必要回顧一下中國在這短短二三十年時間裡迅速壯大的主因。鑑往知來，或可爲將來的不幸，預作防範。

事實上，如果不健忘的話，我們會發現，中國自毛澤東竊國殘民以逞死人千萬之後，之所以還會崛起，其中有幾大外在因素，發揮了關鍵性作用：

第一大關鍵是，一九七一年，自信滿滿的美國總統尼克森爲了對抗前蘇聯，不惜飲鴆止渴地拉攏中國，讓中國進入聯合國。

當其時也，台灣的蔣介石還爲了莫名其妙的大一統觀念所衍生出的「漢賊不兩立」

邏輯，拒絕接受改換國名留在聯合國的建議，而被羞辱地趕出聯合國。

此舉不但給中國在西太平洋海域創造了一個潛在的巨大迴旋空間；也爲台灣同胞的福祉，投下迄今無法消散的陰影。另方面，這麼一來，毛澤東式共產黨靠殺人盈野所建立起來的野蠻政權，也因此得到國際上的承認。

接下來的骨牌效應是——日中建交。而日本基於二次大戰期間侵華的歉意，抱著化解舊怨的心態，建交後給中國提供了長達數十年的大量無息貸款，幫助改善中國許多基礎設施，並轉移不少民生物品的製造技術。

第二大關鍵是，一九七九年，美國和中國正式建交。當年的秘密檔案如今已陸續解禁，從中可以看出，中國當年表面上雖口口聲聲要打倒美帝，要埋葬美帝，但骨子裡眞正急於想和美國建交的，其實是因爲文革而山窮水盡走投無路的毛澤東一方，是中國一方。

很顯然，美國可說在這件事上，上了大當！

從此，美國的門戶對中國敞開。而作爲全球最大民生消費品市場的美國，也自然成了間接拉動中國經濟的火車頭。

第三大關鍵是，一九八〇年代末，一九九〇年代初，台灣的資金和技術開始湧向大陸。尤其是台灣產業賴以爲生，爲歐美日大廠代工裝配的生產技術，轉移到中國，等於把台灣經濟成功的鎖鑰，交到中國手上。

更有甚者，由於台灣的帶動，中國成爲全球代工裝配製造業中心的漩渦迅速形成，日本、韓國、美國等工業大國的次級工業品生產，很自然地一窩蜂遷往中國，一方面讓中國賺飽了工錢，二方面也讓中國偷得了不少生產技術。

第四大關鍵是，九一一事件後，美國總統小布希使性子發動伊拉克戰爭，一方面把當時還擁有柯林頓時代積存的兩萬多億美元國庫盈餘迅速耗盡；二方面由於美國本身陷入伊拉克戰爭泥淖無暇他顧，間接促使野心勃勃的中國在亞洲地區坐大；三方面台灣的馬英九二〇〇八年當選總統後，更將台灣對大陸僅餘的資金技術限制進一步鬆綁，終至使中國的經濟實力，一發不可收拾地竄升。

知恩圖報共享雙贏

如今，中國以其舉世無匹的外匯存底，以其越來越雄厚的資金和技術（技術方面雖然還差歐美日本一大截，但也已可觀），加上整個知識階層還都懷抱著秦始皇以來「普天之下莫非王土，率土之濱莫非王臣」的畸形大一統思維，因此，動不動要挑戰國際秩序，甚至要挑戰普世價值，也就不足爲奇了。

然而，記得二〇一三年朴槿惠當選韓國總統後首次訪美，應邀在國會兩院聯席會議上發表演說，強調「韓國是一個懂得感恩的國家，韓國人民是一個懂得感恩的民族。」對美國當年爲韓國的工業化及民主化所給予的協助，表達由衷感謝，獲得美國朝野和國際社會一致讚賞。

兩相對照，在經濟上也曾受惠於西方，美國，日本，尤其是台灣大力扶助的中國，可有這樣飲水思源知恩圖報的情懷？還是恰好相反，不但翻臉無情，甚至要反噬對方？

也許，一個沒有宗教信仰心目中沒有上帝的國家民族，永遠也無法理解知恩圖報這種目光遠大彼此雙贏的智慧。然而，翻臉不認帳或許能換來短暫利益，但所失去的，卻是更多更大啊！（二〇一四年十一月）

2. 從雅典奧運看北京奧運

四年一度的夏季奧運又結束了，在觀看各國頂尖選手精彩比賽之餘，由於下屆奧運將在中國北京舉行，對我華人而言，可能不免對奧運這件事比過去更多了幾分關切。

當然了，自一九八四年中華人民共和國頭一次派隊參加洛杉磯奧運以來，中國選手在越來越多項目上表現卓越，讓世人耳目一新，對百多年來受盡恥笑的東亞病夫刮目相看。二十年來的歷屆奧運也證明，中國已的確成爲體育大國，舉辦奧運，應該沒有人不認爲是相得益彰，實至名歸的。

尤其是，隨著過去十多年來的中國經濟迅猛發展，中國人的民族自信心也空前高漲。當年那可望而不可及的奧運主辦權，現在似已成了理所當然。但問題是，即便如此，北京奧運辦得成功與否，畢竟還要等到辦過之後，才能證明。因此，與其事前浮誇，不如虛心準備。

基於此，我們也許不妨從幾個角度和層面，爲四年後的北京奧運，再作深思：

1.如前所述，中國人近些年民族自信心空前高漲，但問題是，如果這種自信心是出自於過去過度自卑後的反彈，則過度自信所帶來的惡果，可能比自卑還要來得嚴重，不可不慎。

別的不說，就拿前些時在北京舉行的亞洲盃足球錦標賽來說，中國觀眾在日本隊獲得冠軍後的激烈反應，豈是地主國應有的風度？這種現象如果發生在四年後有全世界近兩百個國家參加的北京奧運，還得了嗎？

2.眾所週知，古希臘文明乃世界現代文明的直接源頭，奧運會更發源於此，因此之故，希臘如今雖地小國窮，辦起奧運似嫌吃力，但光是開幕式上那種以古希臘體育競技項目揉合古希臘神話所做的表演，就令人印象深刻，不由得對古希臘文明再興思古之幽情和由衷敬意。

反過來，也是世界古文明之一的中國，到底準備好端出什麼貨色也能夠讓全球億萬觀眾一飽眼福，見識見識？

難道說，像這次奧運閉幕式上，張藝謀所導演的民謠茉莉花兼大紅燈籠高高掛之類的載歌載舞，就能夠代表華夏古文明裡的運動精神？

3.日本在一九六四年舉辦東京奧運時，柔道早已在全世界標準化、規格化，從而被列爲奧運正式比賽項目；新興的精工錶也因品質優異而被大會頭一次選爲非瑞士製造的計時工具。

南韓在一九八八年舉辦漢城奧運時，跆拳道也早已在全世界標準化、規格化而被列爲奧運比賽項目。反過來，到二〇〇八年北京奧運時，他們能推出什麼項目作爲源自中國的奧運比賽項目？

一言以蔽之，經由舉辦奧運這種世界性的比賽盛會，不但可以展現舉辦國的經濟實力，同樣，也會讓舉辦國的缺點，在全世界觀眾面前一覽無遺。

一天到晚自誇「五千年優秀傳統文化」的中國，屆時眞有眞材實料足以讓人驚艷嗎？（二〇〇四年九月）

3. 強國的定義——FIFA有感

四年一度舉世矚目的世界杯足球賽終於落幕，德國隊以一比零擊敗阿根廷隊，四度奪冠。

其實，只要大家按照遊戲規則，勝負對我輩觀眾而言實在不是那麼重要。因爲，只要是比賽，總要有贏有輸，對不對？

讓人感觸的是，看到德國總理梅克爾在觀眾席上爲德國隊喝彩的鏡頭，不禁使我想起，不管是德國也好，日本也罷，以及法國、英國、美國、義大利、加拿大等所有現代化國家，可有哪一個不是以他們的國民素質，產品品質，文化生活（包括自由民主法治人權）作爲衡量其自身是否爲強國的標準？

反觀「偉大祖國」，在國民素質上有哪一點值得誇耀？在產品品質上，有哪一項敢誇稱自己的品牌？在文化生活（包括自由民主法治人權）上，有哪一方面足以引領世界，讓別人仿效追隨？

如果說，這些標準一項也沒有，那麼，僅僅以壓榨上億農民工兼破壞環境換來的GDP成長和外匯儲存，因此而自信滿滿地自認爲「強國」，對四鄰迫不及待揮拳霸凌，甚至情不自禁地喊出「中國夢」，除了自娛娛人，其誰能信？

反過來，如果說，從今後也能以國民素質，產品品質，文化生活（包括自由民主法治人權）爲奮鬥努力的目標，以獲得諾貝爾獎人數爲傲人的數字，我相信，所謂的「中國夢」不需要自己扯著嗓子喊，別人也會刮目相看，肅然起敬。（二〇一四年七月）

4. 是解放軍？還是義和團？
——中國的知識份子，難道你們希望戰爭？

最近在台灣，除了有關明年總統和立委的選舉消息佔據新聞版面外，再就是因爲制度缺失加上人謀不臧所衍生出的食品安全問題，大巨蛋安全問題，乃至兩岸問題等，吵吵嚷嚷，了無止境，迄未稍歇。

但是，對於直接關係到世界安危的，中國在南海造島可能引發美中衝突進而可能引爆世界大戰的問題，卻乏人關注。

也許，台灣在馬英九國民黨這七年多來的帶領下，本身已岌岌可危，自顧猶恐不暇，哪還有餘力去關注遙遠的南海？

但是，此一可能引起美中衝突甚至戰爭的南海問題，卻爲什麼也不見中國的知識份子，尤其是身處海外言論自由不受約束的中國知識份子發表意見，說幾句頭腦冷靜的話，爲一心稱霸咄咄逼人不惜挑起戰爭的「解放軍」、「黨中央」踩踩剎車呢？

很顯然，首先，中國的知識份子自秦始皇以來被洗腦灌輸的「普天之下莫非王土，率土之濱莫非王臣」的觀念早已深入骨髓，早就習慣於把統治者的擴張侵略兼併當成是自己的「國家榮耀」，內心裡歡呼雀躍都來不及，怎麼可能反省，從客觀立場出發，爲世界和平說出理性公道的話？

其次，對身處海外甚至身在美國言論自由不受約束的中國知識份子來說，毋庸諱言，這些人一方面以爲身處海外，事不干己；另方面其實也心裡暗地希望，只要「祖國強大」，中美一戰，又有何妨？只要我身在海外（或身在美國），戰火再兇，也燒不到我頭上啊。

嗚呼！這就是中國知識份子最可悲，最沒有天良的特質！

按說，知識份子最可貴之處就在於追求公平正義爲眞理發聲。然而，自秦始皇以後，我們就算有這樣的知識份子也鳳毛麟角，就算有這樣的知識份子也下場淒涼——形成所謂「自古忠良無下場」的反常反智畸形現象。

及至毛澤東的「新中國」，在毛澤東式共產黨無孔不入的高壓洗腦蹂躪禁錮批鬥下，現今絕大多數中國知識份子的眼界，堪稱史上最窄；現今絕大多數中國知識份子的無知，堪稱史上之最。

試想，對這種素質的中國知識份子，我們能期待什麼？能期待他們爲世界和平發出怒吼？

另外叫人可悲的是，中國如今固然經濟繁榮，軍力強大。但是，外行人看熱鬧，明眼人看門道。就如當年英國公使參觀北洋艦隊後，從細微末節處斷定外表龐大的北洋艦隊不堪一擊一樣。今天，就憑中國官員的貪腐如此嚴重，中國老百姓對當局的高壓敢怒不敢言，全國上下誰不盼望外逃等現象，中國軍隊能有什麼樣的素質自不難推論。

前些時日本前自衛隊統合幕僚長（總參謀長）夏川和也表示，如果日本和中國在釣魚台海域爆發衝突，日本有信心可以抑制中國。

夏川和也表示，去年六月中國海軍參加夏威夷環太平洋軍演時，他發現，中國艦艇上裝備了混雜的多國設備，十分混亂；船員因爲暈船臉色發白，對外洋還不習慣。與此同時，自衛隊前將領福山隆甚至表示，如果不考慮陸基彈道飛彈，日本海軍能夠在一週內就殲滅中國艦隊。

這是在東海上和日本較量，現在則是在南海對上美國了。然而，日本的海軍力量尚且如此，遑論美國？

因此，中國目前在南海咄咄逼人地片面蠻幹，中國的知識份子不從良知出發，爲當局醍醐灌頂，踩踩剎車；反而暗地裡叫好加油，最終換來的，可能是又一次丟人現眼的義和團啊！

或許這些中國的知識份子會說，中國現在有核子武器，怕誰？眞打敗了，還可以動用核武。幾年前，其國防部長不就揚言要用核武器炸平日本嗎？果如此，那將是全人類毀滅的第三次世界大戰，身處海外，身在美國而自以爲高枕無憂的中國知識份子，到那時，你們也逃不掉啊！

哎，說來說去，對一個自古以來沒有宗教信仰，一個自秦始皇以後被高壓洗腦蹂躪扭曲，再加上被毛澤東及其陰魂灌輸折磨得認不出普世價值的中國知識份子，要怎麼才可能跳脫出「祖國強大」的情意結？要怎麼才可能明瞭什麼是和平的眞諦？（二〇一五年五月）

5. 難道美國不容挑戰？——由中國在南海造島談起

對於中國在南海造島引起四鄰不安、美國關切、全世界傻眼一事，有所謂的中國知識份子忿忿不平地表示，「中國是個正在崛起的大國，在周邊伸展拳腳乃理所當然之事，美國憑什麼插手管南海閒事？難道美國不可挑戰？」

對這種傳統秦奴式思維，本不值一駁，但還是引起筆者不少感觸。

首先是，作爲二十一世紀文明人，所有人都知道，要挑戰既有秩序，不是不可以，但是需要按照遊戲規則，循序漸進。否則的話，忿忿然磨拳擦掌，挽起袖子找打架，與瘋狗齜牙咧嘴妄圖咬人何異？

或有人說，歷來強權政治版圖的改變，沒有不是經過戰爭而來，中國如今國力蒸蒸日上，要想在東亞伸展拳腳，趕出美國既有勢力，豈有畏戰懼戰之理？豈能沒有不跟美國一拼的決心？

這種說法表面上看言之成理，但問題的關鍵是，忘了今夕何夕。

道理很簡單，就因爲核武器的發明，才使得二次大戰後迄今七十年，強權之間不敢再戰。也因此，中國如果現在因爲有了點實力，就要橫挑國際秩序，甚至不惜引起核武對抗的世界大戰，那麼，就只能證明毛共（毛澤東式共產黨）政權是個極不負責任的世界公敵。

其實，中國自秦始皇以後，直到近代自由民主風行全球以來，始終無法自由化民主化的最主要原因，就是這種忿忿然的挑戰情緒在作祟。不論當朝在野，壓根兒沒有一丁點心思按遊戲規則爭權，弄到最後，當然也只好以玉石俱焚收場。其間的過程則是，生靈塗炭，哀鴻遍野，最後，再由另一位魔王「坐天下」，無止境地惡性循環，無止境地改朝換代。

如今，中國若把自己這一套比兇比狠比毒辣的千年惡習搬到現代化的國際舞台，很顯然，結果不是引起世界大戰，就是在引起世界大戰之前，先被噓下台。

代工裝配無根型經濟

其次是，要挑戰既有國際秩序，要挑戰美國，首先也得掂掂自己實力。

也許，許多被毛澤東及其陰魂洗腦的中國人會認爲，中國如今外匯存底高居世界第一，身爲「世界工廠」，人口又多，土地又大，怎說沒有實力？

這，正是犯了自我感覺良好井底蛙自大狂的毛病。事實上，就拿現代化國家的實力指標——工業程度來說。雖說中國近年得了「世界工廠」的美名。但稍有常識者都知道，中國哪裡夠得上眞正的「世界工廠」？

最簡單的道理就是，不論輕重工業乃至新科技電子業，可有哪一項行銷全球的所謂「Made in China」的產品不是替西方大廠代工裝配？可有哪一項產品是中國自己研發設計生產製造的？幾乎是零！

試想，以這樣的工業現狀怎稱得起「世界工廠」？充其量，不過是「世界的代工裝配廠」罷了。

中國其實是靠著吃苦耐勞的人多，靠著壓榨上億農民工，用這些人的血汗，換來如今的外匯存底，如此而已。就憑這點，有什麼實力挑戰美國？中國的領導層和知識份子，若稍有良心，無地自容都來不及，更有什麼好洋洋得意不可一世的？

德國日本在二次大戰後經濟復甦，工業進一步發達，德國成爲「歐洲經濟的火車頭」，日本更在一九八〇年代，成爲當時名符其實的「世界工廠」，然而，由於土地資源的地緣限制，德日兩國都不敢挑戰美國，以中國的工業實力，憑什麼？

忍辱負重，著眼大局

事實上，德日兩國，尤其日本，即使以其高超的工業實力，但是爲了分享西方，尤其是分享美國市場，時不時也得忍氣吞聲，而不是一帆風順的。

像一九九〇年代初第一次波斯灣戰爭，日本就在美國壓力下，分擔一百二十五億美元的戰爭費用，一國獨佔該次戰費的百分之六十。此外像日本大企業在美國的行銷，也不時遭到刁難，而日本也始終爲了顧全大局，忍氣吞聲。

舉個近期最有名的例子：

二〇一〇年時，豐田汽車的煞車裝置被美國交通安全委員會舉報具有瑕疵，導致車禍傷亡。爲此，豐田不只被美國司法部門判罰十二億美元，豐田董事長還率團前來美國國會作證兼九十度鞠躬道歉，並且花費近百億美元在全球召回近千萬輛豐田汽車更換煞車部件，使豐田該年度銷售利潤不但歸零，甚至大幅虧損。但妙的是，就在三年後，美國交通安全委員會卻承認，此一事件是委員會當時誤判，豐田汽車的煞車裝置其實並沒有問題云云。然而，已經吃了悶虧的日本，著眼大局，並沒有去計較翻舊帳。

此外，就現代化戰爭最重要的武器——戰鬥機來說，中國現在的所謂先進戰機，其引擎完全依賴進口，一旦戰起，人家只要切斷供應，中國戰機的續戰力就立刻瓦解。請問，以這樣的實力要怎樣挑戰美國？

中國這幾年對日本的挑釁騷擾，對南海周邊小國大耍蠻橫，已在在引起美日等國戒心，放緩投資，甚至撤資遷廠，對中國加工裝配的無根型經濟，已逐漸顯現出巨大影響。當此之際，不求趕緊改善形象，挽回信任，反而進一步在南海造島，進一步刺激國際現有秩序。試問，這不是器小易盈非撞板不可嗎？

何德何能？

事實上，除了實力以外，若說想領導整個世界，顯然還得看看自己的德能與貢獻，才可能眞正抬頭挺胸，做到風行草偃，領袖群倫。然而，對人類當代文明，中國可有一絲一毫一丁點的貢獻？

我們不妨閉上眼睛冷靜仔細地想一想，今天，在整個地球，就有形的物質來說，不論是高等複雜的飛機、汽車、火車、輪船、人造衛星、海底電纜，到低等簡單的肥皂、牙刷、眼鏡、火柴、腳踏車，等等等等，可有哪一樣不是西方文明的產物？可有哪一樣是中國人發明創造的貢獻？

甚至連我們今天所吃的米飯、水果、蔬菜，也是拜西方現代文明的化學肥料和品種改良之賜，才有今天這種讓我們吃得飽的產量啊。

再就無形抽象方面來說，從什麼民主、選舉、議會、政黨、人權、民權、自由、自治、到什麼化學、物理學、社會學、政治學、傳播學、心理學、會計學、工商管理學，等等等等，乃至奧運會裡數百上千個運動項目，可有哪一樣不是西方文明的產物？可有哪一樣是中國人發明創造的貢獻？

許多中國的知識份子喜歡說，自由民主法治人權這些普世價值是西方的，不適用於中國。那麼，中國既要挑戰美國，要領導世界，是不是可以提出一套更好的價值來取代，讓全世界景仰跟從呢？

難道說，要用中國特有的「紅二代」、「富二代」、「山寨」、「駭客」來取代？

要讓世界各國效法中國，全民一致一心往外移民？全民一致一心把子女送往海外？

曾經有西方評論家表示，對於中國有這麼多人口，但是對現代文明的貢獻卻如此之少，感到百思不解。

或說，印度人口也多，但印度不也一樣？其實是不一樣的。

因為，至少印度還有聖雄甘地為普世所景仰，而中國呢？至少印度還有大詩人泰戈爾為人性謳歌，而中國只有諾貝爾文學獎得主莫言呢？至少印度還有全世界最大的民主體制，而中國呢？再說，印度也沒有要挑戰國際秩序，也沒有要鴨霸周圍鄰邦，也沒有要挑戰美國，也沒有要領導世界呀！

有些中國的知識份子表示，我們就是要用毛澤東這種不擇手段的騷擾方式，得一點算一點，得一分算一分，慢慢累積，聚沙成塔，把版圖擴大，把勢力範圍擴大，進而取代美國。

算盤打得是很如意，但問題是，這種作法究竟不是正道，而人間的至理是，不走正道，終不持久，弄不好玩火自焚。何況，中國本身的問題還多著呢，有必要玩弄這些小手段嗎？

換句話說，中國目前僅僅因為有了點錢，有了點實力，就忘其所以地妄圖遂行被秦始皇以降歷代帝王所強加深植的「普天之下莫非王土，率土之濱莫非王臣」的痴夢，實在令人堪憂。

忘恩負義，得不償失

記得二〇一二年，時值日本政府為了避免民間右翼在對華關係上惹事，而將釣魚台從私人島主手中買下——也就是所謂的「國有化」，不料卻引起中國當局藉機唆使民眾對日本在華企業打、砸、搶之後，筆者寫了篇短文〈忘恩負義，得不償失〉，內容如下：

「憑良心說，自毛共（毛澤東式共產黨）掩有大陸實行絕對極權絕對洗腦的高壓統治後，經過多年僵持，歐美西方後來之所以願意與之交往，願意對大陸投資，幫助大陸走上富裕，除了現實利益外，也多少帶有幾分對『新中國』的好奇與同情。

日本亦然，後來之所以願意與之交往，願意對大陸投資，除了緊跟美國腳步的現實考慮外，也多少帶有幾分對『新中國』的好奇與曾經侵華的歉意。

然而，這幾分好奇、同情或歉意，我相信，已隨著中國近年在國際舞台——特別是在南海和釣魚台問題上的蠻橫而煙消雲散。反過來，北京當局這種翻臉無情的做法無不讓曾經多少有點示好的西方和日本感到心寒。即使口頭不說，內心裡也難免嘀咕中國人忘恩負義。

未來，我相信，就算釣魚台問題沒有演變成世界大戰，西方（尤其是日本）也會靜悄悄地從中國大陸撤資、撤廠，縮小對中國的貿易。盡量不轉移商品技術，更將勢所難免。

這樣一來，對自主研發商品技術還遠遠落後的中國，可眞是得不償失啊。人間的道理其實是相通的，如果一個忘恩負義的個人會讓人不齒，那麼，一個忘恩負義的國家又何嘗不是？這一切，看在甚至與南海、釣魚台毫無關係的國家眼裡，難道不會心懷警惕？這對『中國的崛起』豈非一大障礙？

事實上，個人也好，國家也好，得了好處即翻臉不認賬，有了點實力就耀武揚威，其實是斷送了自己未來長遠更大的利益。目光短淺，莫此爲甚！」

沒想到不幸言中，如今三年過去，代工裝配無根型經濟的中國，已經在西方日本心寒覺醒後的轉移行動下，開始嚐到苦果。未來如何演變，雖在未定之天，但可以肯定的是，中國莫說挑戰美國，就算挑戰八大工業國（G7+俄羅斯）裡的任何一國，也還早呢。

誰也挑戰不了

當然，我們絕非有意視而不見中國這幾十年在物質建設上取得的巨大成績。但更重要的是，中國的知識份子必須認識，自己在進步，別人也在進步，而且別人的進步可能更大。如果只習慣於顧影自憐，驕矜自滿，因小有成就而沾沾自喜，因稍有實力就不可一世，那只能說是夜郎自大，並不會因此而更受人尊敬。

總而言之，言而總之，人類文明發展到今天，可貴之處就在於：鼓勵多元、鼓勵競爭、鼓勵創新、鼓勵共享，大家按遊戲規則公平比拼。在此前提下，美國有什麼不可挑戰的呢？

但如果中國的領導層和知識份子始終要懷著一種被迫害妄想狂的情緒來挑戰，比不過就咬定受委屈，比不過就咬定被欺負，動不動就懷恨在心，動不動就亟思報復要小動作，那麼，莫說挑戰不了美國，甚至挑戰不了任何一個國家，因爲終有一天，甚至挑戰不了被它自己「坐天下」而高壓在底下被禁錮的人民！（二〇一五年六月）

6. 由中國的擴張主義看南海問題的可能演變

隨著中國近年在南海片面蠻幹，加以海牙國際法庭再過不久將對菲律賓所提島礁爭議做出裁決，連月來，有關南海的緊張情勢，幾乎天天佔據西方媒體主要版面。台灣作爲南海周邊國家之一，對此發展理當全力關注。尤其是，承襲「中華民國」南海十一段線主張的蔡英文新政府，在面對國際新情勢下，如何自圓其說，利己利人，爲世界和平做出貢獻，更將引人矚目。

1. 南海地理簡介

南海海域面積有三百五十萬平方公里，大小超過三分之一個歐洲。南北長約一千八百公里，東西寬約九百公里。其中有超過兩百個無人居住的島礁，這些島礁被統稱爲南海諸島。

2. 南海歷史簡介

歐洲人海外地理大發現以前，南海這些無人島礁，基本上無人聞問。

至於誰是這些島礁的最早發現者？正確來說，應該是，南海周邊所有國家的漁民或航行者，都有可能在無意間，最早發現其中一個或幾個島礁。

至於被大量發現，乃至被測繪成地圖海圖，毫無疑問，是歐洲人海外地理大發現以後之事。這可以從目前大部份南海島礁，是用英文或其他西方文字命名得到旁證。

其中最著名的，就是我們教科書所稱，中華民國領土最南端的曾母暗沙，其實是從英文的 James Shoal 而來。其他像中沙群島里的西門暗沙，是從英文的 Siamese Shoal 而來；本固暗沙，是從英文的 Bankok Shoal 而來；美濱暗沙，是從英文的 Magpie Shoal 而來；魯班暗沙，是從英文的 Carpenter Shoal 而來；著名的美濟礁，則是從英文的 Mischief Reef 而來；等等，例子不勝枚舉。

換句話說，若要問「南海自古以來屬於誰？」那麼，南海周邊國家個個有份。而更有份的，理當是早期西方的航海國。

換句話說，動不動提出「自古以來」，有什麼意義？毫無意義！

就算到二十世紀以後，按中國的說法，南海諸島於一九一一年中華民國成立時被劃歸廣東省，之後則成爲「海南特別行政區」的一部分。

之後，一直到一九八八年，海南島才正式建省。

換句話說，在一九八八年以前，連南海諸島所屬的海南島本身，都還不是一個功能完備的主要領土，誇口遙遠的南海裡那些無人煙的島礁「自古以來屬於中國」，有說服力嗎？

另方面，在一九三〇年代，法國根據十九世紀時對印度支那（其中包括越南、寮國、柬埔寨）的佔領，也聲稱擁有南沙群島主權。

第二次世界大戰爆發後的一九三九年，日本將法國軍隊逐出南海諸島，開始長達七年的佔領。二戰結束後的一九四六年，蔣介石國民黨政府則重行接收南海諸島裡的部份島礁。

一九四九年中共奪取政權，但是到一九五九年，北京政府才在西沙群島裡的永興島，設置「廣東省西沙群島、南沙群島、中沙群島辦事處」。

但是，如上所述，一直要到一九八八年，海南島才正式建省，上述辦事處才劃歸海南省管轄。

3. 九段線？十一段線？自古以來屬於中國？

首先我們必須認知，在二次大戰以前，海運還不發達的時代，南海幾乎是無人聞問的廣闊海域。一直到二次大戰爆發後，隨著日本軍隊的「南進政策」，南海才變得重要起來。

至於九段線，最早其實是十九世紀末二十世紀初，由日本學者所劃出的南海疆界線。

至於十一段線，則是國民政府按照日本最初所劃的九段線，於二次大戰結束後的一九四七年提出。

北京政府於一九五三年，基於當時與越南的友好關係，主動移除「十一段線」中的北部灣（又稱東京灣）兩線，成為現今所主張的「九段線」。

這裡略提一下國際海洋法的原理原則。國際海洋法最主要的基本理論和基本原則，就是：陸地統治海洋。

根據這項原則，沿海國有權在海岸邊選定一條領海基線，將這條線作為起始線，向外延伸十二海里以內，劃定為本國領海。一九五八年的《領海暨鄰接區公約》和一九八二年的《聯合國海洋法公約》，都對沿海國的這一權利和應當用來劃定本國領海的這一作法，作出了明確規定。

換句話說，一個國家若要將某一海域宣布爲其歷史性水域，就必須證明長期以來已對該海域實行了控制，而且，這種權利的行使也得到其他國家直接或間接的承認。

然而，這顯然並非中國在南海海域或南海諸島的歷史事實和現狀。

換句話說，秦始皇以後的所謂中國人養成了一種強盜邏輯，那就是，只要發生領土爭執，就一定搬出「自古以來屬於中國」這句毫無邏輯概念的莫名其妙說詞。

這種潑婦罵街式無限上綱的強盜哲學，本來不值一駁，但是面對廣大秦奴的漿糊腦筋，我們還是不得不略做闡釋。

首先，自古以來這個「古」，是從什麼時候算起？如果大家都堅持「自古以來」，那麼，只好比誰更「古」。比下來，人類從非洲起源，是不是現在應該讓非洲人通吃全世界？

再說，如果按照秦奴邏輯，今天的希臘人是不是應該擁有歐亞非？因爲亞歷山大帝國曾經統治歐亞非。今天的義大利人是不是應該擁有歐亞非？因爲古羅馬帝國曾經統治歐亞非。今天的蒙古人是不是應該擁有歐亞大陸？因爲蒙古帝國曾經統治歐亞大陸。今天的埃及人是不是應該擁有整個北非，因爲埃及帝國曾經統治整個北非；等等。有完沒完？好不好笑啊？

自二次大戰以戰死數千萬人精疲力竭地結束，原子彈發明以來，人類的基本共識，就是盡力維持二戰以後的既定秩序。誰若想挑戰這個既定秩序，可以，但是必須用循序漸進的辦法，不可用武力脅迫的方式。其實，這也算得上是現代人類文明的一大進步。最顯著的例子，就是一九九〇年發生的第一次海灣戰爭，以美國爲首的三十四國聯軍之所以能順利攻打伊拉克，勢如破竹，就是因爲伊拉克總統海珊聲稱科威特在一次大戰前曾經是伊拉克領土，是「自古以來」就是伊拉克的「固有領土」，強行出兵佔領科威特，犯了此一大忌的緣故。

或說，最近俄羅斯不也併呑了烏克蘭的克里米亞？須知，這裡面的本質有所不同。海珊是出動大軍，強佔並不願與伊拉克合併的科威特。而克里米亞不同，克里米亞是通過公民投票，而且有高達百分之九十六的克里米亞人選擇與俄羅斯合併。

4. 毛共中國在南海造島對環境的破壞

據BBC報導，澳大利亞珊瑚礁研究中心和中國科學院南海海洋研究所共同進行的研究顯示，過去三十年來，中國沿海和南海珊瑚礁出現驚人退化，珊瑚礁數量至少減少了百分之八十！

事實上，我們用簡單常識即可想像，以毛共中國近年在南海那麼樣大規模地從海底抽沙造島，南海海底脆弱的珊瑚礁被摧殘到什麼程度？簡直叫人不敢想像。

至於南海其他的珍稀野生物種，包括綠蠵龜等海龜，在抽沙造島的過程中所遭受的摧殘，還用說嗎？

然而，最讓人哭笑不得的是，兩年前當中國開始在南海造島，遭到各界質疑時，北京官方的說詞理由，其中一項竟然是「爲了協助保護南海的天然環境」！

5. 中國在南海的作爲可能引發的後果

首先，這些年由於中國在東海南海的片面強勢作爲，已經引起周邊國家的驚覺警醒，急起直追，加強軍備。包括日本、越南、菲律賓、新加坡、澳大利亞、印尼、印度，無不爲了中國所展現的蠻橫，大幅增加軍事預算，強化軍備。

但即使如此，在還沒有眞正爆發戰爭以前，南海問題還是有幾種可能的走向：

第一種可能當然是最理想的。那就是，東協十國與中國切實做到他們於二〇〇二年簽署的《南海各方行爲宣言》。

這項宣言裡的第一條就是：各方重申以《聯合國憲章》的宗旨和原則，和一九八二年簽署的《聯合國海洋法公約》，以及一九七六年簽署的《東南亞友好合作條約》，和一九五三年中國提出的《和平共處五原則》，加上其它公認的國際法原理，作爲處理南海國家間關係的基本準則。

或者是，切實遵從海牙國際法庭即將對南海問題所做出的裁決。

但是各位想想，以中國自秦始皇以來「普天之下莫非王土，率土之濱莫非王臣」的無知狂妄，這可能嗎？

第二種可能是，南海其他聲索國向中國屈膝，放棄主權聲索。

這些聲索國當中包括比較次要的：

1. 汶萊。汶萊雖沒有聲稱島礁主權，但聲明擁有大陸棚附近之經濟海域，與中國和馬來西亞的海域重疊。
2. 印尼。印尼也沒有島礁爭執，但大陸棚經濟海域伸入中國所劃的九段線內。
3. 馬來西亞。巴拉望北方海岸外的海域，與中國和馬來西亞的海域重疊。

上面是比較不明顯衝突的國家海域。至於菲律賓和越南，與南海水域息息相關。中國大筆一揮，把人家家門口的海域畫作是自己的。各位想想，換作是你，你可能就這麼無條件放棄嗎？

至於台灣，台灣的立場確實尷尬。因爲，只要一天到晚繼續頂著「Republic of China」這塊招牌，就免不了與毛共中國沆瀣一氣，意淫整個南海都是自己的。此所以，蔡英文新政府該怎麼面對南海問題，將是台灣的一大考驗。

第三種可能是，以美國、菲律賓、越南、澳洲、日本、印尼、新加坡、印度爲主的結盟，在南海和中國長期對峙，但是沒有發生衝突或戰爭。這就好像拔河一樣，兩方永遠勢均力敵，停在中線。各位想想，這可能嗎？

第四種可能是，以美國、菲律賓、越南、澳洲、日本、印尼、新加坡、印度爲主的結盟，在南海和中國發生武裝衝突，甚至戰爭，中國獲勝，從此南海成爲中國的內海，不再存在自由航行權。

各位想想，這可能嗎？

首先，中國如今固然經濟繁榮，外表看來軍力強大。但是，外行人看熱鬧，明眼人看門道。

就如當年英國公使參觀北洋艦隊後，從細微末節斷定外表龐大的北洋艦隊不堪一擊一樣。今天，就憑中國官員的貪腐如此嚴重，老百姓對當局的高壓如此敢怒不敢言，全國上下誰不盼望外逃等現象，中國軍隊能有什麼樣的素質自不難推論。

其次，海空戰不是陸地戰，除了武器裝備，還需要有精良紮實而且長期的協同訓練，不是靠人海戰術就可取勝。據各方（甚至包括中國自己）評估，光是和日本在海上開戰，日本海上自衛隊就有能力在一週內殲滅中國艦隊，更不要說和美國爲主的海上聯盟對幹了。

第五種可能是，菲律賓向海牙國際法庭控訴的南海問題，預計今年下半年會做出裁決。依常識推測，國際法庭的判決可能不利於中國，而中國方面也已經做出聲明，表示不接受國際法庭的判決結果。

好，如此一來，國際法庭還有什麼威信？如此一來，豈不顯示中國擺明了要推翻現有的國際秩序和遊戲規則？然而，以中國本身不講自由民主法治人權這個事實，中國所提出的國際秩序和遊戲規則豈不就是赤裸裸野蠻的弱肉強食？

第六種可能是，由於中國經濟大幅衰退，國力萎縮，自顧不暇，自然也就無力於遙遠的南海，南海自然可以恢復過去的平靜。

但問題是，即使中國的經濟發展已經到頂，大幅衰退也可以預期，但是，畢竟還需要一點時間，才會顯現在國力衰退上。而在此之前，中國領導層會不會爲了轉移內部壓力，進一步鼓動民族主義，南海因此先已經爆發了衝突或戰爭？

第七種可能是，以美國、菲律賓、越南、澳洲、日本、印尼、新加坡、印度爲主的結盟，在南海和中國發生武裝衝突，甚至戰爭，結果是，中國戰敗，一方面屈辱丟臉，二方面類似當年鴉片戰爭，八國聯軍那樣，又來個舉國上下聲聲哭號「帝國主義又來侵略我們了啊！」。

各位想想，這是不是很有可能？

第八種可能是，以美國、菲律賓、越南、澳洲、日本、印尼、新加坡、印度爲主的結盟，在南海和中國發生武裝衝突，甚至戰爭，中國戰敗，一方面屈辱丟臉；二方面舉國哭號「帝國主義又來侵略我們了！」；三方面則惱羞成怒抓狂，鋌而走險，動用核武器，引起第三次世界大戰。

各位，這是不是最讓人不敢想，也最不願想的一種後果？身爲現代文明人的知識份子，尤其是中國的知識份子，顯然有道德良心義務全力防範，而不是事不干己，甚至倒過來喊打喊殺，叫好加油。

（本文爲作者二〇一六年五月在華府台灣同鄉會演講摘要。）

7. 野人的孩子

華夏文明的最優美時光，端在秦始皇併呑東方六國，建立所謂的「秦帝國」以前。自秦以降，華夏大地最大的特色，就是不斷革命，不斷改朝換代；頻繁地革命，頻繁地改朝換代。

也因此，對於需要數百年甚至上千年才能累積、消化、醞釀、成熟的優美文化（具體的如建築工藝等，抽象的如言行禮儀等），自秦以後，每一次革命，就一次破壞；每一次革命，就一次摧殘；每一次改朝換代，就一次斲喪；每一次改朝換代，就一次挖掉重建。直到毛澤東革命和建立所謂新中國，這種摧殘和斲喪，可說達到極致！

也因此，當我們看到東西洋人有所謂的皇室禮儀、有所謂的王室風範，有所謂的貴族言行舉止，有所謂的教養作爲全民倣法景仰的表率時；當我們看到東西洋人不論在文化的各個領域各個層面，甚至在庶民流行藝術上，都有一代代有形無形的師徒傳承時；當我們看到，甚至一些貧窮落後的國家社會都還有宗教信仰作爲精神依托時；會不會覺得我們華人眞是一群既沒有人世傳承復沒有精神依托的可憐的沒教養的野孩子？

這也正是儘管華夏文明曾經是世界優美的古文明之一，但爲什麼我們的高幹子弟也好，大員子弟也罷，富二代也好，官二代也罷，甚至什麼太子黨，其思想言行會如此膚淺粗俗的道理。

因爲，這些所謂的高幹子弟、大員子弟、富二代、官二代、太子黨，其父執輩或父祖輩也不過才剛剛從草莽野人革命翻身起家，對於優美精緻文化言行舉止所需要的百千年長時間累積、消化、醞釀、成熟，還差得太遠了啊！（二〇一一年九月）

8. 這才是「排華」主因

自中國方面以全然不講理的蠻橫姿態，片面強行在和越南有爭議海域設置鑽油平台後，終於引起越南民眾激烈排華。連帶地，台商在越南的工廠，也遭到洗劫。

由這次越南民眾的排華，我們可以很清楚看到，過去我們所說是因爲國家積弱，海外華人才在世界各地遭到排斥欺侮，顯然並不正確。

事實是，中國人的惡行惡狀，才是主因！

根本理由其實是，自秦始皇以後，兩千多年來的歷史早已一再證明，華夏大地大一統的結局只有兩種：

不是因爲對內高壓——從而引起動亂——接著民不聊生——繼而互相殺伐——終於招致外侮；就是以自我爲世界中心，「朕即天下」，對外擴張侵略欺凌，遂行所謂「普天之下莫非王土；率土之濱莫非王臣」的痴夢。

然而，對內高壓的結果是中國人自秦始皇以後，除了皇帝，沒有任何人可以有人的尊嚴，連最起碼的尊嚴都蕩然無存，這種人，怎麼會受到外人尊重？而一旦強大就不擇手段對外擴張侵略欺負弱小，完全以大吃小的心態對待他人，試想，這種國家即使再強大，但是這種人民會受到外人的尊敬與歡迎嗎？

很顯然，換來的只有「排華」兩個字，令人反感而已。

台灣因爲歷史地理的因緣際會，好不容易能有個獨立自主的本體，而且還好不容易才走到自由民主法治人權，可以讓台灣人在世界各國間，抬頭挺胸受人尊重。然而，卻有人自甘墮落地以當中國人爲榮，一旦遇到「排華」事起，又怎能怨怪別人呢？（二〇一四年五月）

9. 何德何能？豈可囂張？

毛共中國自去年初，被川普政府大幅提高關稅修理以來，歷經華爲事件凸顯，表面上看，似乎是西方陣營有意壓制中國崛起，其實不然，其實是因爲毛共中國近年得意忘形，任誰看了都覺得過份，可以說完全是咎由自取，是自找的！

這話怎麼說呢？

話說在毛澤東極左路線長年惡搞下，文革末期中國經濟瀕臨崩潰，無法無天爲所欲爲的毛澤東乃掉轉頭，亟思依靠和西方改善關係來挽救，而就在那個時節，碰上尼克森及其周圍本著聯中抗蘇的戰略想法，冀望藉由把中國拉進世界貿易體系的友善做法，期盼將中國培養成文明世界裡一股新的正面力量。

爾後，才有所謂放棄圍堵，讓中共加入聯合國，美中建交等發展，進而出現港商投資，台商投資，日商投資，以及其他外商投資，配上中共犧牲環境犧牲勞工的野蠻衝力，迸發出畸形的經濟成長。但也因此，促成了一九八九年的天安門民主運動。

老實說，天安門抗議學生初始的最主要訴求，只是反對當時所謂「官倒」、「私倒」等經濟上的腐敗現象，與此同時，才衍生出要求政治改革。

可悲的是，青年學生的滿腔熱血，換來的卻是鄧小平當權派的一場血腥屠殺！

自此以後，毛共中國不但在政治上比過去更加高壓封閉洗腦扭曲；另方面在經濟上，則比過去更權錢勾結，更腐敗！終至舉國上下掀起一股道德無底線，慾望無上限，埋首向錢看的狂潮。

對內壓榨，對外剽竊

換句話說，在過去三、四十年，毛共中國以其龐大的土地資源和人口，對內壓榨勞工犧牲環境對外明目張膽偷盜智慧產權的做法，西方企業早已不滿，只是礙於眼前利益暫時沒有發作。直至川普上台，才忍無可忍地祭出大幅提高關稅的狠招，給毛共中國對西方企業佔盡便宜的行爲，當頭一棒。

事實上，如果進一步推究，我們會發現，除了經濟上佔盡西方便宜讓人不滿以外，更重要的是，毛共中國因發了點財而趾高氣揚囂張跋扈的態度，才更使這種不滿無形中倍數擴大。

首先，自二〇一〇年起在東海尖閣列島與最大投資國日本作對；接著在南海珊瑚礁修建人造島大搞軍事化，狂稱整個南海屬於中國；在台海大搞軍機繞台軍艦繞台等騷擾動作；提倡「一帶一路」計劃，在本身還有上億貧困人口情況下，顯露出鯨吞整個歐亞非的野心，等等等等，沒有一樣作爲不讓人感覺刺眼，對曾經扶助中國融入世界貿易體系的西方國家，免不了興起一種養虎貽患的悔恨！

平情而論，一個強國崛起時使人側目，其實也未可厚非。問題是，毛共中國現今的坐大之所以讓人不服，甚至使人反感，還有一項更深層的理由，那就是，不論是經濟力還是軍事力，毛共中國完全靠剽竊抄襲而來，這就難免讓人輕視，讓人瞧不起了！

對現代文明毫無貢獻

舉例來說，毛共中國所謂的新式戰鬥機，其核心引擎迄今完全依賴從俄羅斯進口。其他先進武器也好，高級民生用品也好，乃至近來鬧得沸沸揚揚的華爲5G手機，本質上無一例外，都是靠剽竊抄襲乃至進口核心零組件，然後依靠廉價勞工組裝，賺取辛苦錢罷了。

試想，以這樣的手法建立起來的實力，明眼人誰會把它當眞？

二次大戰前的納粹德國，乃至冷戰時期的前蘇聯，無不在軍事科技，工業技術，乃至發明創作上，有一定貢獻。反過來，囂張跋扈猶有過之的毛共中國，對現代人類文明可有一絲一毫一丁點的貢獻？

這種狀況演變到現在，終於讓美國爲首的西方政界知識界，從原來對中國的滿懷希望一百八十度轉彎，凝聚出一系列反制措施，除了用貿易戰勒緊毛共中國的口袋，更直接將美軍太平洋司令部改變成美軍印度洋太平洋司令部；將偶一爲之的南海巡航，改變成頻繁密集的南海巡航；將過去多少還有點顧忌的軍艦通過台海，改變成公開且頻密的通行；將過去多少還有點顧忌的美澳日西太平洋海空軍演，改變成近乎常態化的頻繁，參與國家也越來越多；等等等等，擺明了就是要抑制毛共中國的崛起——而這裡所謂的崛起，說穿了，不過就是表面上的囂張跋扈罷了。

一言以蔽之，道理再簡單不過，一個人即使在某方面有所貢獻但不懂謙遜也照樣使人反感，反之，如果毫無貢獻卻只因手頭有了點錢就趾高氣揚囂張跋扈，則豈止讓人反感？簡直使人厭惡！個人如此，國家亦然。

很顯然，這個對現代文明沒有一絲一毫一丁點貢獻的毛共中國，不知不覺間正在上演這樣的角色。（二〇一九年六月）

10. 三位老大哥

在我心中，有三位不得不讓我尊敬的老大哥：

一位是以歐美爲首，型塑自由民主人權和現代工業文明的西方老大哥。

一位是最早開啓一神信仰，以神諭規範道德人心的猶太老大哥（基督教乃其一脈相承的發揚）。

一位就是我們的近鄰，對現代文明最早覺醒，首倡脫亞入歐迄今一百五十年，二戰戰敗後學乖，致力發展民生工業成果驚人福澤廣被四海的日本老大哥。

我相信，我華人同胞什麼時候也能俯首承認這三位才是我們的前輩老大哥，不再繼續幻覺「朕即天下」，自視爲「世界的中心」，什麼時候我們的文化才可能有眞正的進展，也才可能有眞正的自由民主人權。（二〇一三年六月）

11. 勝負已定的美中貿易戰

美中貿易戰自今年初點燃至今，表面上因爲中國反擊，似乎節節上升，大有讓人眼花撩亂的感覺，但其實，只要看到問題根本，這場所謂的美中貿易戰，其實一開始就注定了輸贏。剩下的是，美國打算贏到什麼程度？或者說，毛共中國打算認輸到什麼程度？

這裏，就先從歐洲、日本、韓國談起。

眾所皆知，貿易全球化，加工裝配生產全球化，最早是由自由世界的龍頭老大美國所提倡。但提倡的結果演變成，美國製造業紛紛外移，工廠關門，工人失業。雖然給美國消費者換來了商品價格低廉，但是從根本上來說，顯然得不償失。再者，包括歐洲，日本，韓國在內的國家，也對美國或多或少採行了不公平貿易方式。

此所以，當川普祭出高關稅之後，歐洲、韓國，自知理虧，也爲了自己更長遠的利益，先後讓步。至於目前正在談判的日本，筆者確信，也會採取同樣措施，著眼自身更長遠的利益，對美國讓步，消災解厄。

不可思議的是，對美國貿易盈餘最大，對美國貿易最不守規矩，對美國貿易最投機取巧的中國，卻反過來拿翹，對川普提高關稅的做法非但不自我反省，反而倒過來報復，提高美國貨進口稅。這樣一來，終於激起美國憤怒，繼續加碼，掀起所謂的貿易戰。

最新的消息是，中國對美國汽車的進口稅，增加到百分之四十。反過來，對歐洲日本汽車的進口稅，則調降到百分之十五。滿以為這種作態能嚇倒美國，殊不知，在明眼人眼裡，這只不過自曝其短，已經黔驢技窮的表現。

因爲，其一，美國汽車本來就不是美國對中國的主要出口，美國對中國的主要出口——農產品，都不在乎中國大幅提高關稅，何在乎區區一些美國汽車？

其次，筆者在二〇一六年初的〈中國經濟走勢和台灣前途〉一文裡曾經表示：

「明眼人僅憑常識即可看出，中國經濟從鄧小平改革開放發展至今，這所謂的世界第二大經濟體，其實只是個『代工裝配的無根型經濟』，隨時可以傾塌。

這種本身毫無研發創新能力、復以貪官高壓、制度不健全的『代工裝配無根型經濟』，一旦發展走入瓶頸，加上西方日本暗中抵制，可以想見，其經濟走勢的衰落，乃屬必然；搞得不好，甚至一發不可收拾。

因此，這些年有人將中國經濟下滑比做日本經濟過去二十年的停滯，根本是將蘋果與香蕉類比，遠離實情。

須知，一個國家的經濟，其實也反映了一個國家的國民素質。在這方面，日本從明治維新脫亞入歐全面西化起，首重即爲國民素質的養成，就憑這點，毛共黨國教育高壓洗腦灌輸的這種培育奴才的做法，豈可望其項背？

說穿了，鄧小平在經濟上的改革開放，其實是抄短線，走爲西方廠商代工裝配的路，憑藉量大，賺辛苦錢。這在一窮二白的當年，很容易造就出經濟繁榮，但是，再往下呢？

一個以一黨之私對政治和文化死死箝制不放，任令紅二代成爲騎在人民頭上的齷齪新貴。試問，有誰看得出其經濟的前景何在？」

換句話說，如果中國像歐洲，日本，韓國一樣地識相，放低身段，接受美國一些條件，縮減對美國天文數字般的貿易盈餘，美國對中國的好處顯然還將持續下去。

但是，手裡握有大量外匯存底的毛共中國，顯然已被義和團心態沖昏頭腦，一心妄圖和美國爭霸，中國經濟要不走向衰頹，也難。

從二〇一二年鼓動暴民焚燒日貨起，到目前和美國打貿易戰，嗚呼，「水能載舟，亦能覆舟」——最初是美國爲了中國的自由化民主化而把中國拉進自由世界貿易體系，只是萬萬沒想到，大佔美國便宜後的中國，如今居然想反客爲主。怎麼不好好想想，一個靠爲西方大廠代工裝配賺辛苦錢，憑著人多量大成爲世界第二大經濟體的中國，其實是浮游在美國爲主的經濟水上的一艘船罷了，憑什麼與美國打貿易戰？

馬雲說，美中貿易戰將持續二十年，實在是自我臉上貼金。在我看，頂多三年五載，就可底定。

換句話說，這是場一開始就勝負已定的較力。至於在貿易戰之餘，會不會因此讓這幾年狂妄有加的毛共中國在南海問題上，在台灣問題上，在釣魚台問題上有所收斂，就看北京當局的義和團心態有多深了。（二〇一八年九月）

12. 自由世界不會放棄台灣

隨著毛共（毛澤東式共產黨）中國對台灣的步步進逼，從不久前的軍機繞台，軍艦繞台，到最近強迫國際航空公司將台灣改稱「中國台灣」，乃至蠻橫干預東亞奧會，迫使台中亞青運動會停辦，等等，很顯然，不但進一步助長親中媒體恣意散播「早投降早好」等謬論，加上兩岸經濟勢力消長，台商在中國投資已被套牢等現實，不能不承認，有些台灣人難免灰心喪志，瀰漫一股無望的氣息。

然而，事實是否眞的如此？這裏，就讓我們來仔細看看：

早自五百多年前海外地理大發現以來，由於地理位置的關係，台灣就一直處於西方海權國家和東亞土龍（明帝國，清帝國）之間，拉鋸爭奪的焦點。

時至二十一世紀的今天，基本形式並未改變。如果有所不同，那就是，台灣的自由化和民主化，已經使台灣在精神文化的價值層面，與西方自由世界更融爲一體。

也因此，在面對專制極權的毛共中國處心積慮併呑台灣時，就算台灣島內第五縱隊橫行，民心鬥志有限，自由世界也不會放棄台灣！

筆者曾經在〈不橫挑強鄰，也不應妄自菲薄〉一文裡提到：

「柏楊生前在鑽研中國歷史後，得出一項結論，就是，小國千萬不要橫挑強鄰。證諸歷史，這確也是事實。道理再簡單不過，小國橫挑強鄰，豈不自討苦吃，自找麻煩？事實上，除非夜郎自大，也很少小國會這麼愚蠢，這麼幹的。

但即便如此，柏楊此說也並非鐵律。因爲，由於文明程度的不同，小國的生存之道，也因時因地因人而有異。

以歐美國家爲例，位在強國周邊的小國，之所以仍能獨立自主安居樂業，就顯示了歐美這些強國不爲己甚，講求均勢，多少還有點包容尊重之心。此外，這些小國本身的自重自愛，莊敬自強，也是主因。其中最顯著的例子，就是眾所皆知的瑞士。

與瑞士相比，老實說，台灣具有比瑞士好上百倍的天然屏障——一條一百三、四十公里寬的台灣海峽作爲保護傘。

換句話說，國土與強權相連的瑞士可以昂首獨立，不受強權要脅；擁有海峽天然屏障的台灣，爲什麼要對中國卑躬屈膝到國幾不國的地步？

再者，爲什麼寬僅三十四公里的英吉利海峽可以讓英國高枕無憂？爲什麼寬僅六十七公里的保克海峽可以讓斯里蘭卡不受印度威脅？爲什麼甚至連寬僅二點八公里的麻六甲海峽，可以有效分隔馬來西亞和印尼、分隔新加坡與印尼？爲什麼堂堂寬一百三、四十公里的台灣海峽卻要一天到晚受毛共中國喊打喊殺威脅進犯？

其實，毛共中國自己很清楚，若想用武力征服台灣，首先就得順利跨越黑潮湍流的台灣海峽。然而，這點它做得到嗎？」

海空戰不是陸地戰

翻看歷史，我們會清楚發現，甚至連橫掃歐亞大陸所向披靡的蒙古帝國，先後兩次，以數千艘戰艦，從朝鮮半島跨越六十四公里寬的對馬海峽，對日本發動攻擊，最後皆因不適水性以及沒有內應而慘敗收場。毛共中國又有什麼本事超越當年的蒙古帝國？習近平又何德何能超越當年的忽必烈大帝？

換句話說，海空戰爭不是陸地戰爭，蒙古帝國天下無敵的鐵騎也好，毛澤東那套以人多取勝的「人民戰爭」也好，完全無用武之地。

反過來，這種格外需要高素質兵員，需要精良裝備，精準補給，精良訓練，精密協調的現代化海空戰，以毛共中國嚴重的貪污腐化，以毛共中國工業技術還落後歐美日本一大截的現實，只要台灣站穩腳跟，強化防衛力量，內部不爲毛共中國滲透潛伏分化利用，以美日澳歐強大的海空力量作爲奧援，老實說，台灣在軍事上根本無需擔憂。

至於發射飛彈打擊。首先，台灣可以佈建嚴密的反飛彈防禦網作爲反制。其次，這種公然侵略的作法，豈會不遭致全世界譴責制裁？後續的連鎖反應，它消受得了嗎？」

最近有報導指出，川普自出馬競選總統以來，處處表現出親俄的姿態，原來背後有位藏鏡人，就是當年鼓吹聯中抗俄的季辛吉。

聯俄抑中策略

如今半個世紀過去，形移勢轉，一方面，經濟富裕後的中國展現出一副桀驁不馴的狼子野心；另方面，蘇聯解體後的俄羅斯已然自由化民主化（雖然不那麼徹底），於是，季辛吉這位共和黨的頭號軍師大佬乃掉過頭來，向川普提出聯俄抑中策略。

其實，說實在，毛共中國是沒有資格與前蘇聯相提並論的。前蘇聯東歐集團，是一個能與西方並駕齊驅的對手，不但與西方沒有貿易往來，從工業科技到農業生產，也一律自給自足。

試問，今日的毛共中國做得到嗎？

目前的中國，莫說大部份糧食能源倚賴西方進口，就算爲其賺得滿缽滿谷的外匯存底，也全靠代工裝配或剽竊智慧產權而來，不但本身毫無研發創新能力，甚且，手頭握有大量餘錢的貪官污吏，又有幾人不把黑錢窩藏海外？

換句話說，毛共中國今日的表面風光，是十足的虛胖，用來嚇唬西方，事實已經證明，川普領導下的美國早就看穿這點，不買這一套。然而，這種虛胖，卻嚇壞了不少台灣人。誠如行政院長賴清德所說，台灣今天什麼也不缺，缺的是信心！

一言以蔽之，自十六世紀以來，台灣就是西方海權和東亞土龍之間拉鋸的焦點。時至今日，如果說，中國也進化到自由民主，「兩岸一家親」也好，「血濃於水」也好，都也罷了。否則的話，以其目前對內高壓對外蠻橫欺侮四鄰的做法，明眼人皆知，即使

國家圖書館出版品預行編目資料

從兵馬俑到毛澤東與共產中國 / 宋亞伯作. -- 初版.
-- 臺北市 : 前衛, 2019.12
248面；15×21公分

ISBN 978-957-801-896-9（平裝）

1. 中國大陸研究 2.中國政治制度

574.1 108019246

從兵馬俑到毛澤東與共產中國

作　　者　宋亞伯
責任編輯　張笠
封面設計　日日設計
美術編輯　宸遠彩藝

出 版 者　前衛出版社
地址：10468台北市中山區農安街153號4樓之3
電話：02-25865708 | 傳眞：02-25863758
郵撥帳號：05625551
購書・業務信箱：a4791@ms15.hinet.net
投稿・代理信箱：avanguardbook@gmail.com
官方網站：http://www.avanguard.com.tw
出版總監　林文欽
法律顧問　南國春秋法律事務所
總 經 銷　紅螞蟻圖書有限公司
地址：11494台北市內湖區舊宗路二段121巷19號
電話：02-27953656 | 傳眞：02-27954100

出版日期　2019年12月初版一刷
定　　價　新台幣350元

Printed in Taiwan　ISBN 978-957-801-896-9